당신은 지루함이 필요하다

당신은 지루함이 필요하다

누구나 삶의 섬을 만들어야 하는 이유

마크 A. 호킨스 지음
서지민 옮김
박찬국 해제

틈새책방

＊일러두기

• 이 책은 《THE POWER OF BOREDOM》(Mark A. Hawkins, 2016)을 우리말로 옮긴 것이다.

• 외국 고유명사의 표기는 국립국어원의 외래어 맞춤법 기준을 따랐고, 주요 인명에는 영문명을 병기했다.

• 옮긴이와 편집자의 주는 모두 첨자로 처리했다.

• 주석에 등장하는 대표작은 국내에 출간된 것만 표기했다.

• 단행본명에는 겹화살괄호(《 》)를, 잡지명에는 홑화살괄호(〈 〉)를, 영화명에는 작은따옴표(' ')를 적용했다.

이 책을 부모님께 바친다.

한 인간이 어떻게 만들어지는지 수수께끼이지만,

어머니와 아버지가 내 존재 형성의 중심축이라는 사실은 의심의 여지가 없다.

이 짧은 헌사로 감사의 말을 시작하기란 턱없이 부족하다.

그럼에도 가슴에 사무치는 몇 마디를 적어 보려고 한다.

나의 어머니, 수전 호킨스.

연이은 개인적인 비극 속에서도

주변 사람들에게 활기찬 모습을 보였을 뿐만 아니라

연민의 끈을 놓지 않으셨다.

나 역시 당신처럼 용감하고 두려움 없이 살고 싶다.

그리고 우리 곁을 너무 일찍 떠나신 아버지, 리 호킨스.

아버지는 한번도 기회를 얻지 못하셨을 뿐 마음은 언제나 작가였다고 생각한다.

나는 이 책을 아버지와 나눈 기억을 생각하며 썼다.

부디 대견하게 보아주시길.

두 분 모두 사랑한다.

차례

"사람이 아무것도 안 하는 건 미래를 위해 노력하지 않는다는 뜻이에요."

학원의 우리 반 아이들에게 왜 방학인데 집에서 마음 편히 쉬지 않고 특강을 받으러 왔느냐고 묻자, 한 아이가 이렇게 대답했다. 알고 보니 아이들 시간표에는 내 수업만 있는 게 아니었다. 이른 아침부터 밤까지 온갖 과외와 활동으로 빼곡히 채워졌다.

서울에서는 이렇게 사는 게 기본이란 걸 금세 깨달았다. 우리 학원의 부장 한 사람은 할 일이 너무 많아서 사무실에서 잘 때가 많다고 했다. 그 부장만의 이야기가 아니었다. 단 1분도 손을 놓고 시간을 보내는 사람이 없었다. 직장 일이나 개인적으로 꼭 해야 할 일이 없을 때는 누구나 술집에 가서 친구들을 만났다. 아무 일 없이 꿈꾸고 반추하고 사색할 시간은 어디로 사라진 걸까? 매우 인간적인 그런 활동은 사찰의 스님들에게만 허락될까?

아내와 나는 2003년 늦가을 서울에 갔다. 한국에서 번

창하는 방과 후 학교라는 시스템에 들어가 몇 년 정도 지내볼 요량이었다. 한국에 처음 오는 외국인이 거의 그렇듯, 나도 수없이 많은 미로 같은 뒷골목과 활기 넘치는 시장, 어딜 가나 보이는 수많은 사람들, 화려한 네온사인을 담쟁이처럼 몸에 두른 빌딩이 빽빽이 들어찬 거리에 넋이 나갔다. 난 언제나 무언가에 몰입해 있었고, 할 일은 끝도 없이 나타났다. 하지만 부산하게 지내는 와중에 뭔가 중요한 사실을 감지했다. 이 도시는 아무것도 하지 않는 것을 불편하게 여기는 문화의 현현이었다.

지루함을 부정적으로 보는 건 내가 나고 자란 캐나다나 서울이나 비슷해 보였다. 하지만 성실, 근면, 생산성, 교육을 중시하는 문화에, 치열한 대학 입시와 취업난까지 가세하면서 지루함에 대한 편견은 더욱 심했다. 공부를 더 하고, 학원에 더 다니고, 일을 더해서 시간을 빽빽하게 채우지 않으면 대도시의 극심한 경쟁에서 낙오할까 두려워했다.

근면 성실과 교육에 높은 가치를 부여하는 문화에서 오는 이득은 막대하다. 14년째 학생들을 가르치는 나는 한국의 교육 중시 문화가 부럽다. 하지만 아무리 좋은 것이라도 지나치면 좋지 않다. 모두가 열심히 노력하고 일했기에 기술과 혁신의 최전선에 서는 나라가 됐지만, 지루함에 대한 인내력 부족과 바쁜 일상이 위험을 초래한 사례들도 있다. 비단 이건 한국만의 현상이 아니라 인류 전반의 이야기일 것이다.

우리 대부분은 보람찬 인생을 살기 위해 최대한 많은 계획으로 하루를 꽉 채운다. 하지만 오히려 그로 인해 의미와 충만함을 얻기 위해 반드시 필요한 지루함의 시간을 빼앗겼다. 이제 잊고 지냈던 지루함이란 감정을 삶에 다시 모셔올 때가 됐다. 한국은 이미 시간 채우기의 경지에 오른 나라다. 그렇기에 오히려 아무것도 하지 않는 시간이 주는 이점을 이해하는 사람이 더 많다. 지루함이 힘을 발휘하기에 가장 완벽한 곳이 바로 한국이다.

2017년 12월
마크 A. 호킨스

"호킨스 선생님, 저 지루해요."

내가 가르치는 고등학교 학생 중 한 명이 툭 던진, 이 기운 빠지는 말이 이 책의 시발점이었다.

따뜻하고 화창하던 늦봄의 어느 아름다운 날, 열심히 공부한 우리 반 아이들에게 선물로 밖에 나가 날씨를 느끼게 해주기로 마음먹었다. 어린 시절에 나의 가장 큰 즐거움 중 하나가 풀밭에 앉아 하늘을 바라보는 것이었는데, 그 경험을 아이들과 나누고 싶었다.

밖으로 나가자는 말이 떨어지자마자 아이들이 신이 나서 의자에서 튀어 올랐다. 교실 뒤에서 늘 좀비처럼 앉아 있던 아이들마저 생기가 넘쳤다.

개선 행진하듯 다른 교실을 지나쳐 야외로 나섰다. 나는 아이들에게 느긋하게 흘러가는 구름을 쳐다보라고 했다. 나 역시 그렇게 했다.

그때였다.

자세를 바로 해서 뒤를 보니 거의 모든 아이들이 스마

트폰을 들여다보고 있었다. 그날따라 전화기를 놓고 온 수다쟁이 여자아이만 예외였다.

그때 깨달았다. 아이들이 점점 지루함을 견디지 못해 수업 중 학습 효율성도 떨어지고(동료 교사라면 분명히 인정할 것이다), 하루하루의 값진 순간을 즐기고 인생을 배울 기회를 놓친다는 점을 말이다. 또 하나, 나도 그 문제에 일조한다는 사실을 깨달았다.

지난 10년 남짓한 시간 동안 교육은 무척 달라졌다. 공식적인 요건은 아니지만 '재미'는 교사가 갖춰야 하는 자질로 서서히 자리 잡았다. 수업에서 관심을 끄는 방법을 찾느라 고전하고 있다면, 교수법에 뭔가 문제가 있다는 징표다. 하지만 교사가 수업을 흥미롭고 재미있게 이끌어 가려고 부단히 애쓸수록 참여도는 더욱 떨어진다. 이는 영원히 끝나지도, 누그러지지도 않을 전쟁이다.

그러나 내 학생들은 그저 위험을 경고하는 '탄광의 카나리아'였다. 나조차 점점 심해지는 '지루함 알레르기'에 면역되지 않았다. 지난 20년 넘게 손가락 끝으로 쉽게 즐길 수 있는 오락거리가 늘어나자 우리는 앉아서 아무것도 하지 않는 것을 시나브로 참지 못하기 시작했다. 우리 모두 뜨거운 물이 가득한 냄비 속에 앉아 있지만, 우리 삶에

널린 오락거리들로 인해 우리가 타 없어지기 시작하는 것을 깨닫지 못하고 있다.

마크 A. 호킨스

| 여는말

인류 역사상 지금처럼 지루함을 받아들이는 게 중요한 적
이 없었고, 지루함을 잘 견뎌내지 못하는 시대도 없었다.
우리 시대의 아이러니이자 비극이다. 사실 우리 모두 지
극히 지루하다. 하지만 주의를 흩트리는 대상이 너무 많
아서 지루함을 자각조차 못한다는 게 이 시대 삶의 기이
한 점이다. 우리는 시간을 활용해 끊임없이 뭔가를 해야
한다는 강박에 시달리며 산다. 그 감정은 겉으로 보이지
않아도 속에서 항상 부글거리는데, 우리에게 자유 시간이
생기는 순간 언제든 끓어 넘친다. 세상에는 기술, 소셜 미
디어, 24시간 뉴스, 남들만큼 살기keeping up with Joneses 등 주

의를 돌릴 수 있는 다양한 방법이 있어서 지루함이 비집고 나오지 않게 뚜껑을 꼭 닫아 두는 일은 어렵지 않다. 사실 사람이 바쁘면 바쁠수록 더 지루하기 쉽다. 눈길을 잡아끄는 온갖 요소와 바쁨은 우리가 만족스럽고 의미 있는 인생을 산다는 환영을 만들어 낼 뿐이다.

인생은 가득 찼는데 왜 충만하지 않을까?

이게 무슨 말인지 여러분은 안다. 삶이 무척 바쁘고, 온갖 활동으로 가득 차 있지만, 우리는 여전히 활기가 없고, 만족스럽지 못하며, 뭔가 채워지지 않은 기분이 든다. 우리 삶을 가득 채운 활동들로 인해 만족과 성취감을 느낀다고 자위하지만 사실은 그렇지 않다. 우리는 단조로운 일상이라는 거대한 쳇바퀴를 돌리는 좀비가 되어 급여를 유일한 위안으로 여기며 살아간다. 그러니 밖에 나가 친구들과 술을 한잔 할 수 있고, 배달 음식을 즐기거나, 집에서 넷플릭스를 몰아 볼 수 있는 주말만 바라보며 사는 게 별스러운 일이 아니다. 잠깐, '주말만 바라보며 산다'는 이 말을 되새겨 보자. 당신이 주말을 위해 산다는 건, 학교나 직장에서 그 긴 시간 동안 녹초가 되어도 인내하는 이유가 불과 몇 시간의 위안을 얻기 위해서라는 얘기다. 눈 깜빡할 사이에 지나갈 그 몇 시간을 중심으로 인생은 돌고 돈다.

잠시 충만감을 주던 몇 시간짜리 여가 활동도 시간이 지나 흥미가 사라지면, 기분이 좋아질 다른 무엇인가를 또 찾아야 한다. 우리는 무엇인가가 결여되어 있다는 걸 알고는, 그것이 무엇인지 알아내려 필사적으로 찾아 헤맨다. 점점 더 많은 것들로 삶을 채우는 일에 몹시 몰두한다. 이번에 찾은 것이 지속적인 만족을 줄 거라는 희망을 가지고 말이다. 우리는 화수분 같은 행복을 안겨줄, 최종 상태나 목적지가 어딘가에 존재한다고 믿는다. '완벽한 동네에 완벽한 집을 살 만한 돈이 있다면 만족할 거야', '내 짝이 생기고 가족이 생기면 충만감이 느껴질 거야', '영적으로 어느 정도의 깨달음에 도달하면, 우리 삶에 뭔가 빠진 게 있다고 더 이상 느끼지 않겠지'. 안타깝지만 삶에 무엇을 채워 넣어도 우리가 구하려는 삶의 만족을 손에 쥘 수 있다고 장담할 수는 없다. 그렇다면 전에 없이 바쁘게 사는 이 시대에, 우리는 어째서 이토록 강한 무기력감과 불만과 허탈감을 느끼는 것일까?

사는 게 의미가 없다

이렇게 느끼는 이유는, 삶의 의미가 음식이나 공기만큼

굉장히 긴요하다는 것을 인정하지만, 삶을 가득 채운 활동들이 우리가 애타게 찾는 의미를 던져 주지 못하기 때문이다. 우리가 일을 하는 목적은, 돈을 벌어 이를 일의 스트레스에서 벗어나는 여가 활동에 쓰는 순환 과정을 이어가기 위해서다. 문제는 일도, 여가 활동도 스스로에게 설득력이 있을 정도로 큰 의미가 되지 못한다는 점이다. 자신의 일이 의미 있다고 자위하려 애를 쓰면서도, '스트레스 해소'를 위해 극단적인 조치를 취해야 한다는 것 자체가 이율배반이다.

바쁨은 인생의 만족을 파괴한다

현대 사회에서는 의미 있는 인생을 살아 보려고 해도 곧 난관에 부딪히고 만다. 시간이 빼곡하게 차서, 삶을 진중하게 훑어보고, 주목하지 않을 수 없는 나만의 의미가 무엇인지 찾을 수 없기 때문이다. 세상과 삶에 바싹 다가가 면밀히 보다 보면 만족스럽고 충만한 존재로 사는 법을 배울 수 있다. 하지만 우리는 너무 바빠 그럴 시간이 없다. 짬이 날 때마다 끝도 없이 늘어나는 세상의 요구에 보조를 맞춰야 하고, 그런 세상에서 벗어나려 레저 활동에 몰입해야 한다.

의미를 찾으려는 인간의 처절한 욕구는 '맥인라이튼먼 트McEnlightenment, 공장식 깨달음' 기반의 산업을 꽃피웠다. '맥 인라이튼먼트' 산업은 우리 스스로 개인의 의미와 존재를 탐구하도록 도와주기보다는, 열 번의 수업을 통해 내적 평화와 충만감을 찾을 수 있다고 약속하며 영성을 겉핥기 식으로 건드린다. 물론 우리는 '정답'이 저기에 있지 않을 까 하며 우르르 몰려간다. 인생은 넘치도록 찼지만 채워 지지 않는다.

만족스러운 인생을 살고자 해도 우리가 더욱 고난을 겪 는 이유는 주변에 눈길을 잡아끄는 것들이 셀 수 없이 많 은 시대에 살기 때문이다. 우리는 틈나는 대로 페이스북 뉴스피드를 훑어보고, 텔레비전을 켜거나, 인터넷을 뒤 진다. 신경을 돌리는 이러한 것들은 필사적이고도 끝없 는 의미 탐구를 가로막는다. 하지만 이렇게 다른 곳에 정 신을 파는 행위가 의미의 종말이란 사실을 우리는 깨닫지 못하고 있다! 우리의 행동이 사실은 지루함을 회피하는 것이기 때문이다.

지루함을 회피하면, 인생의 만족을 느끼지 못할 뿐만 아니라 부정적인 행동을 하게 된다. 우리는 남는 시간에 먹고, 마시고, 약물에 취하고, 아무것도 안 하느니 이야기가 이어지는 드라마라도 보겠다며 TV를 켠다.

가짜 만족을 주는 활동으로 인해 늘 주의가 흐트러져 있기 때문에 우리는 삶을 진정성 있게 들여다보지 않는다. 인생을 고찰하지 않을 때, 우리는 일차원적인 삶이 적절한지 따져볼 것도 없이 수동적으로 살아간다. 우리가 심사숙고하여 뭔가를 선택한 적이 없기 때문에 개인적인 의미는 거의 없는 삶의 방식에 순응한다. 이는 대부분 동일한 삶이며, 만족스럽고 의미 있는 삶을 영위하는 주류적 방식이다.

솔직히 말하면 우리 자신을 진지하게 생각해 본 적이 없기에, 그런 방식으로 사는 것밖에는 길이 없다고 생각하는 것이다. 혹여 대안적 삶의 방식이 있다는 걸 알아도, 현재 우리가 사는 세상은 너무나 많은 선택권과 경로를 제시해서 머리가 지끈거리고, 나아가 선택 자체가 거의 불가능할 정도다. 그러면 거부할 수 없는, 삶의 이유를 어떻게 찾을 수 있을까? 정답은 우리 자신에게 지루할 틈을 주는 것이다.

지루함의 끝까지 가봐야 한다

우리는 지루함이 두려워 인생을 제대로 탐구하지 못한다.

현대 사회에서 지루함은 견딜 수 없는 것으로 여겨져서 회피할 수 있다면 뭐든 하려고 든다. 얄궂게도 그리 고통스럽고 피하고 싶은 지루함은, 만족스럽고 성취감 있으며 열띤 인생을 시작하는 중요한 출발점이다. 지루함과 마주하고 거기서 인생의 진리를 터득함으로써, 마침내 의미 있는 존재를 창조할 수 있다. 지루함에 덧씌워진 끔찍한 오명과 달리, 인간이 그토록 소망하는 의미 있는 삶을 만들어내는 데 도움을 줄 잠재력이 지루함에 내포되어 있다.

'나도 지루할 시간을 갖고 싶어!'라고 생각하는 이도 있을 것이다. 너무 바쁘고 정신 팔 곳이 많으니 우리는 시간이 부족하다는 말로 합리화한다. 심지어 그것을 미화하기까지 한다. 하지만 살다 보면, 하루 중 '해야 할 일'이나 '하고 싶은 일'이 없을 때가 있기 마련이다. 정신없이 바쁜 상태나 한눈을 파는 행위 따위는 실제로는 지루한 시간에서 도망치는 수단이다. 남보다 한 발 앞서거나 성과를 거두고 있다는 명목하에 말이다. 뒤처지지 않을 뿐 아니라 치고 나가는 게 중요하기 때문에, 많은 활동을 하고 바쁘게 사는 게 당연하다고 스스로에게 말한다.

저녁에 할 일 없이 혼자 있을 때, 우리는 TV 채널을 이리저리 돌리거나, 인터넷 서핑을 하거나, 머릿속으로 다음 날 스케줄을 정리한다. 이런 지루함의 시간이야말로 정말 중요하다. 이를 인생에 별 의미도 더하지 못할 사소한 활동으로 채울 것인가, 아니면 놀라운 인생을 창조할 출발점으로 이용할 것인가? 지루한 시간은 우리 인생을 탐구하고 바꿀 완벽한 공간이다.

지루함의 올바른 활용법을 배우면, 지루함은 명상으로 가는 강력한 매개체가 되고, 만족스러운 삶을 창출하는 최적의 공간이 된다. 지루함을 느끼는 상황에서도 세상에 정신을 빼앗기지 않았을 때, 삶의 진실이 무엇인지 보고 느끼기 시작할 수 있고, 충만한 삶을 살지 못하게 발목을 잡는 게 뭔지를 알 수 있다. 소크라테스는 "탐구되지 않은 삶은 가치가 없다Unexamined life is not worth living"라고 했다. 여러분도 알게 되겠지만, 지루한 시간은 우리 인생에서 소크라테스가 언급한 '탐구'를 시작하기에 가장 좋은 시간이다. 지루함은 인생을 조감도鳥瞰圖처럼 상공에서 내려다볼 수 있는, 시간 속의 특별한 공간이다. 지루한 시간 속에 이뤄진 탐구를 통해 우리는 인생의 최적 항로를 정할 수 있다. 차 앞 유리가 흙탕물로 뒤덮인 채 운전을 하는 사람이 없듯이, 지루함의 공간 안에 들어앉아 의미 있는 삶으로 가는 길을 막는 걸림돌을 치우지 않은 채로 우리 자신의 인생을 살 수는 없다. 일단 지루함을 삶의 일부로 받아들이고, 그 힘을 이용하는 법을 배우면, 만족과 충족의 삶을 여는 열쇠, 즉 거스를 수 없는 자신만의 개인적 의미를 창조할 수 있다.

1부

지루함을 이해하기

제1장

지루함이란 무엇인가?

"깊은 지루함은 치료적 가치가 뛰어난 기분이다."
— 크리스천 질리언 Christian Gillian

지루함은 감응 없는 감정

영화나 TV 프로그램을 보면 넘치는 분노, 사랑, 증오, 공포, 슬픔과 마주한다. 그런 감정들 때문에 우리는 다음 장면에 무슨 일이 벌어질지, 그들을 좋아해야 할지 미워해야 할지 궁금해 하며 화면에서 눈을 떼지 못한다. 또한, 그런 감정들로 인해 우리 삶은 다른 것들과 지속적으로 관계를 맺는다.

　지루함은 그런 감정들과 대척점에 있다. 실제로 이따금 지루함을 '감응 없는 감정'으로 표현한다. 다른 감정만큼 불같은 격정이 없기 때문이다. 최근까지 지루함의 중요성에도 불구하고 하나의 감정으로 널리 인정받지 못했던 이유를 추측하는 건 어렵지 않다. 실제로 가장 최근에 당신이 지루함을 느꼈던 순간을 떠올려 보자. 바로 그때, 뭔가 할 일을 찾지 않았던가? 하지만 그랬다고 해서 속지 말자. 지루함은 인간에게 가장 중요한 감정이다.

감정은 우리의 안팎에서 일어나는 일들에 대한 반응이다. 주변에서 외부 자극을 받으면, 우리 정신 안에서는 이를 처리해 반응을 내보낸다. 우리의 정신은 과거의 경험에 따라 눈앞에 펼쳐진 상황을 특정한 감정으로 반응한다. 나무가 빽빽한 숲 속 오솔길을 달리고 있는데 갑자기 곰을 만났다고 상상해 보자. 당연히 공포가 느껴질 것이다. 몸 밖에서 벌어지고 있는 일과 마찬가지로, 과거나 미래에 대한 생각 같은 내부 자극이 감정적 반응을 자아내기도 한다. 큰 시험이나 중요한 면접을 생각하면 오늘부터 걱정이 된다. 두 가지 사례에서 보듯, 우리 몸은 자극에 대해 반응을 내놓는다. 지루함은 현재 나에게 적극적인 반응을 유도할 정도의 자극이 없을 때 느끼는 감정이다. 주변 상황이 나의 흥미를 돋우지 못하고, 반응을 끌어내지 못하면, 우리는 지루함을 느낀다.

지루함의 스펙트럼

학교나 직장에서 소셜 미디어를 훑어볼 때는 별로 바쁜 일이 없는 상태다. 사진을 보거나 기사를 읽는 행위, 포스트를 올리는 행동이 일시적인 탈출구가 된다. 무언가에 몰입할수록 지루함이 덜하다. 따라서 지루함의 스펙트럼을 보면, 한쪽 끝에는 완전한 참여 또는 몰입이 있고, 반대쪽 끝에는 완전한 지루함이 있으며, 그 둘 사이에 층위가 다른 두 단계의 지루함이 자리 잡고 있다.

철학자 마르틴 도엘레만Martin Doehlemann은 '상황적 지루함situational boredom'이란 용어를 사용한다. 별로 하고 싶지 않은 활동을 하고 있을 때 느낄 수 있는 가벼운 형태의 지루함이다. 예를 들어 지루한 수업을 들어야 하거나, 반복되는 업무를 할 때 나타난다. 또한 특정한 TV 쇼가 따분하거나 어느 활동에 지쳐버렸을 때 이런 종류의 지루함을 경험한다. 나는 이러한 지루함을 '채워진full' 지루함이라고 부른다. 무언가 하고 있지만, 마음은 주지 않기 때문이다. 이런 지루함은 마음을 줄 수 있는 다른 활동으로 옮겨가면 해소된다.

'텅 빈empty' 상황적 지루함

'텅 빈 상황적 지루함'은 어느 활동에도 마음을 주지 않을 때 경험한다. 다른 말로 하면, 아무것도 안 할 때다. 파티에 가려고 기다릴 때, TV에서 스포츠 경기가 시작되기를 기다릴 때, 치과 대기실에서 차례를 기다릴 때 경험하는 지루함이다. 때로는 좀 더 강렬한 상황적 지루함을 느낄 때가 있다. 보통 아무 할 일이 없는 주말이나 나른한 일요일에 경험한다. 대부분의 경우는, 다른 활동으로 옮겨가거나 소셜 미디어의 피드를 새로고침하면 해소되는 지루함이다. 이런 상황은 지루한 정도의 차이가 있겠으나, 전적 참여와 전적 지루함 사이 어딘가에 자리를 잡고 있다.

실존적 지루함

전적 지루함은 여러 이름으로 불린다. 심오한 지루함, 극단적 지루함, 실존적 지루함, 그리고 삶의 지루함life boredom. 삶이 바쁘기는 한데 관심이 가거나 끌리는 게 거의 없을 때, 우리는 '채워진full' 실존적 지루함을 느낀다. 일상에서 어떠한 호기심을 갖거나 자극도 느끼지 못하면서, 정신없이 바쁘기만 한 나날을 보낸 경험이 누구에게나 있다. 심지어 원래 즐기던 레저 활동마저 지루하고 반복적으로 느껴지고, 관심이 가는 게 아무것도 없을 때가 있다. 그저 '마지못해 시늉만 할' 때, 이런 지루함을 느낀다고 생각한다. '실존적 지루함'을 느끼는 사람들이 '다람쥐 쳇바퀴 돌듯 산다'고 말하는 걸 자주 듣는다. 이탈리아 작가 알베르토 모라비아Alberto Moravia, 대표작《권태》는 실존적 지루함을 "한때 삶에 활기를 주었으나 지금은 '시들고 죽어 버린' 것들의 '질병'"이라고 묘사했다. 이는 19세기 독일 철학자 아르투르 쇼펜하우어Arthur Schopenhauer의 주장과도 일맥상통한다. 그는 실존적 지루함이 "어떤 종류가 됐건, 우리의 욕망을 해결해 줄 대상을 찾아낼 능력을 상실하고, 어떤 행동에도 의미가 없을 때 발생한다"라고 말했다. 결국 '채워진' 실존적 지루함은 우리 인생에 자리한 모든 것에서 의미가 사라짐을 뜻한다고 정의할 수 있다. 이런 종류의 지루함은 현대 사회 어디서나 발견된다. 끝없이 딴짓을 하고 바쁘게 지내봤자, 삶은 만족스럽지 못하고 공허하며 생기가 없다. 겉으로는 멀쩡하게 활동하고 있지만, 수면 바로 밑에서는 실존적 지루함이 부글부글 끓고 있다.

'텅 빈' 실존적 지루함

텅 빈 실존적 지루함은, 앞서 언급한 것처럼 실존적으로 지루하면서도 할 게 아무것도 없을 때다. 우리는 자유 시간에 이런 지루함을 경험한다. 가장 고통스러울 수 있는 유형의 지루함이다. 우리 삶의 어느 영역이 무의미할 수 있다는 점을 자각하지 못하도록 신경을 딴 곳으로 돌릴 활동을 하지 않고 있기 때문이다. 이 지루함은 우울증, 불안, 파괴적 행동으로 연결되는 경우가 종종 있다.

나치 강제 수용소 생존자인 정신과 의사 빅토어 프랑클 Victor Frankl, 대표작 《죽음의 수용소에서》 박사는 이런 종류의 지루함이 우리 사회에서 흔히 보인다고 말한다. 그는 '일요일 노이로제'를 예로 들었다. 생활 속 바쁜 일들에 정신이 팔리지 않으면 뭔가 빠뜨린 것 같은 불편한 감정이다. 이런 감정은 곧 '시간 죽이기'로 이어진다. 일주일 내내 그렇게 열심히 일해서 얻어낸 '텅 빈' 시간이 오히려 너무 괴로운 시간이 되어 버리기 때문이다. 다시 한 주가 시작되기를 바라는 지경에 이르기도 한다. 그러면 뭔가 빠진 것 같다는 꺼림칙한 느낌에서 벗어날 수 있으니까. 절실하게 바랐던 휴일에 몇 시간이나 계속 TV를 보거나, 술집에 죽치며 술잔을 기울이거나, 아니면 그 두 가지를 모두 하며 시간을 보낸 적이 있지 않은가?

텅 빈 실존적 지루함은 은퇴자들이 크게 느끼는 것이기

도 하다. 그 시간이 되면 일에서 찾던 의미와 개인의 정체성이 사라지고, 의미가 소멸되는 상태가 된다. 은퇴를 했건 안 했건, 우리 대부분이 실존적으로 지루한 게 사실이다. 하지만 아무 할 일이 없는 시간과 마주하면 그것을 무언가로 덮는다. 할 일 없는 시간은 마음이 편치 않다. 그러나 바로 그때가 지루함을 곁에 두어야 할 때이고, 그 시간을 성급히 채우려 하지 않아야 한다.

지루함을 보는 시선들

수업이나 강의가 따분함에도 궁둥이를 붙이고 앉아 있어 본 사람이라면 지루함이 불편하다는 것을 안다. 하지만 신경과학자 제임스 댄커트James Dankert는 우리의 생각과 달리 지루하면 인간이 스트레스를 받는다는 사실을 밝혀냈다. 워털루 대학교에서 지루함을 연구하던 댄커트 박사는 실험 참여자가 정말 지루함을 느끼게 한 다음, 스트레스 호르몬인 코르티솔을 측정했는데, 다른 감정과 비교해 지루할 때 코르티솔 수치가 훨씬 높았다. 이는 인간이 스트레스가 쌓이는 상황을 피하고 싶어 하는 것만큼이나 왜 지루함에서 도망치려고 무진 애를 쓰는지 어느 정도 설명이 된다. 심리학자 로버트 플러치크Robert Plutchik, 대표작《정서

심리학은 우리가 썩은 음식 냄새를 맡았을 때 느끼는 것과 유사한 역겨움을 지루함이 만들어낸다고 말했다. 멀리, 되도록 더 멀리 떨어져 있으라는 경고다. 또 다른 심리학자 스티븐 보다노비치Stephen Vodanovich는 우리가 지루할 때 화를 낼 가능성이 좀 더 높아진다는 것을 알아냈다. 잉글랜드의 과학자들은 지루함으로 인해 요절할 수 있다는 연구 결과까지 내놓았다! 25년 넘게 7,000명 이상을 관찰했더니, 지루함을 느낀 사람의 사망률은 연구 종료 시기에 40퍼센트까지 높게 나타났다.

당신은 이런 생각을 할 것이다. '스트레스가 더 쌓이고, 화도 더 나고, 일찍 죽기까지 한다는데 왜 내가 지루해야 하나?' 하지만 이런 연구와 이론의 문제는 지루함이 우리 삶에 존재할 때 초래되는 부정적인 결과에만 초점을 맞춘다는 데 있다. 이 책 후반에 언급될 내용인데, 지루함을 포용했을 때 얻을 수 있는 창의력 등의 긍정적인 효과에 대해서는 전하지 않는다. 우리가 지루함과 마주했을 때 지금처럼 반응하는 이유도 전혀 설명하지 않는다. 지루함이 스트레스를 유발하는 건 우리 스스로 지루함을 용납하지 않기 때문이라고 보는 게 정확하다. 지루함 때문에 죽음에 이르렀다면, 지루함을 회피하려 마약이나 술을 가까이 하거나, 파괴적 행동을 했던 것이 결정적인 요인일 수 있다.

인간의 모든 감정은 쓰임새가 있다. 원래 '나쁘'거나 '잘못된' 감정은 없다. 우리가 감정 자체, 또는 감정이 던지는 메시지를 외면하고 묵살할 때, 감정은 우리 삶의 부정적인 동인動因이 된다. 그래도 이 연구들을 통해 확실히 알 수 있는 게 있다. 바로 지루함이 거대한 힘을 갖고 있다는 점이다. 그러나 지루함이 우리에게 유용하려면, 어떤 이유로 지루함이 그런 큰 힘을 갖게 됐는지 이해하기 위해 더 깊이 파고 들어야 한다. 심리학자나 과학자는 지루함을 정의하고 그 특성을 확인하며 접근하지만, 철학자와 상담가는 우리가 지루함에 어떻게 반응하는지, 삶에서 지루함의 역할을 어떻게 이해하고 있는지 알아내기 위해 더 깊이 파헤친다. 우리가 이 책에서 하려는 것은 후자다.

지루함은 공간이다

지루함을 개념화하는 방법 중 하나는 그것을 '공간으로 인식'하는 것이다. 우리는 공간을 떠올리면, 흔히 비었다고 생각한다. 하지만 사실 공간은 무한한 가능성으로 가득 차 있다. 가령 빈방이 있다고 하자. '텅 빈' 방에는 공간이 가득하다. 게다가 그 공간은 무엇이든 될 수 있는 잠재태다. 거실, 체육관, 창고 등으로 변모할 수 있다. 그야말로 우리가 상상할 수 있는 어떤 방이든 될 수 있다. 그래서 내부를 무언가로 채우기 전까지, 그 공간은 단순히 텅 비었다기보다는 무한한 가능성이 들어 있다고 볼 수 있다.

공간을 이런 시각으로 보는 사람들이 많다. 오늘날 모든 영적 전통 중에서 불교의 가르침이 공간을 가장 명쾌하게 설명한다. 스즈키 다이세쓰鈴木大拙, 대표작《선이란 무엇인가》는 공간 속에 무한의 가능성이 있고, 무궁무진한 내용contents이 있다고 했다. 그 말은 곧, 공간이 아무것도 아닌 동시에 무엇이고 모든 것일 수 있다는 의미다. 달라이 라마는 '우주 입자space particles'를 말한 바 있다. 우주 입자는 물체와 물체 사이의 공간에 존재하면서 삼라만상森羅萬象을 일으키는 물질을 구성한다. 이와 유사하게 최근 양자 물리학에서도 무엇이든 될 수 있는, 잠재력을 가진 입자의 개념을 논한다. 아노말론anomalon으로 불리는 이 입자는 관찰자가 기대하는 특성을 띠는 것으로 알려졌다. 공간 속의 파장은 관찰자의 눈에 띄는 순간 입자로 변한다. 달리 말해 공간 속의 입자는 어떤 식으로든 고정된 게 아니라 순수한 잠재력을 지니고 있다.

곰곰이 생각해보면 이것은 엄청난 이야기다! 입자가

과학자의 기대나 바람대로 변한다면, 그야말로 '뭐든지' 될 수 있다는 것이 아닌가. 지루함의 공간이란 바로 그런 것이다.

지루함은 가장 강력한 힘을 지닌 공간이다. 우리의 생각과 감정을 무한대로 펼칠 수 있는 잠재력 그 자체이기 때문이다. 지루함은 현대의 바쁜 삶에서 마주하게 되는, 신경을 흩트리는 것들을 걷어내고, 우리 존재의 참된 본질을 응시하는 공간이다. 20세기 초의 철학자 마르틴 하이데거Martin Heidegger는 우리 인생을 차지한 모든 분주함과 활동이 사실 "존재를 망각하는 것"이라고 했다. 우리 삶을 충족시키는 모든 것들 때문에 인생과 세상을 진실하게 탐구해 최상의 선택을 하는 길이 가로막힌다는 것이다. 본질적으로 우리는 의미 있는 인생을 사는 방법을 잊었다. 주의를 분산시키는, 현대 사회의 수많은 요소들에 철저히 포위되어 있기 때문이다. 지루함은 인생에 잠시 쉼표를 찍고 탐구를 시작하는 공간이다. 지루함이 곧 인생의 작업실이라고 생각하는 게 좋다. 우리 인생을 자세히 들여다보고 뚝딱거리며 최대한 만족스럽게 만들 수 있는 장소이자 시간이다.

하지만 우리 대부분은 두 가지 문제에 맞닥뜨린다. 첫

째, 우리 인생은 너무 많은 활동으로 채워져 있어서 지루함을 느낄 기회가 좀처럼 없다. 둘째, 모처럼 지루함을 느끼게 되더라도 무슨 전염병이라도 만난 듯 달아난다! 그래서 우리는 갑갑하다. 불만이 가득한 상태에서, 인생을 바꿀 기회인 지루함을 견디는 건 도저히 참을 수가 없어서 그 공간을 무엇으로라도 메꿔 버린다. 따라서 우리는 지루함을 이용해 삶을 탐구할 순수한 잠재력에 접근하기 전에, 지루함을 조우하자마자 달아나게 하는 요소부터 모두 깔끔히 치워야 한다.

의미는 공간이 필요하다

공간과 관련해 탐구해 볼 만한 가치가 있는 측면은 공간과 물체의 관계다. 우리 대부분은 사물이나 물체가 존재하기 위해 공간이 필요하다는 사실을 전혀 염두에 두지 않는다. 좀 더 구체적으로 이야기해 보자. 종이에 점 하나가 있다고 가정하자. 이 종이에 셀 수 없이 많은 점으로 채우면, 점 사이의 공간이 사라지며 점은 더 이상 존재하지 않게 된다. 이는 공간과 사물의 관계가 둘 모두를 정의하는 데 도움이 된다는 것을 입증한다. 둘 다 서로가 있어야만 존재할 수 있다.

지루함이란 공간이 의미뿐만 아니라 인생의 만족을 찾는 데 도움이 되는 이유도 위와 똑같다. 우리 삶이 늘 주의를 흩트리는 요소와 활동으로 차 있으면, 의미가 끼어들 공간이 없다. 우리가 지루함을 피하기 위해 언제나 시간을 무언가로 채운다면, 인생의 참된 의미와 목적을 발견할 수 있는 공간을 영영 갖지 못하게 된다.

이때 지루함은 무섭고 불편한 것들로 채워져 있어서 우리는 가급적이면 멀리, 저 멀리 도망치고 싶어진다. 지루함의 공간이 너무 두려운 나머지 피하고 싶어 우리는 이따금 아주 먼 길을 돌아간다. 심지어는 우리 인생을 파괴할 수도 있는 해롭고 부정적인 것들로 그 공간을 채운다. 지금 어쩌면 당신은 이미 지루함에 저항하고픈 마음이 있을지도 모르겠다. 지루함을 어둡고 무서운 지하실처럼 느낄 수도 있다. 어둡고, 기억 속에 없는, 미지의 공간을 앞에 둔 당신은 어서 계단을 다시 올라가, 밝은 거실의 안락함으로 돌아가고 싶다. 하지만 진정으로 충만한 인생을 살기 위해 우리는 지루함이란 감정이 가르쳐 줄 수 있는 메시지에 가슴을 열어야 한다.

제2장

우리는 왜 지루함을 회피하는가?

"인간에게 무엇보다 견딜 수 없는 것은 열정도 없고,
집중할 것도 없고, 주의를 돌릴 곳도 없고,
애쓸 것도 없는 완벽한 휴식에 들어가는 것이다.
그 상태가 되면 인간은 무상함과 외로움과
부족함과 의존성과 무력함과 공허함을 느낀다."
– 파스칼 Pascal

앞서 말했듯 우리는 지루함을 느끼기 시작하면 어둡고 무서운 지하실에 들어가는 기분이 들어 본능적으로 피하려 한다. 실질적으로 무엇이 무서운지 알지 못해도, 오랫동안 피해 온 두려운 상태라는 점만은 확실하다. 우리 중 가장 용감한 이라도 그 문에 다가갈 때면 조금 더 신중해진다. 문을 열면 소름 돋는 쓰레기들이 나타날 게 분명하다. 하지만 조금 더 파 내려가면 그 안에 우리가 상상할 수 있는 최고의 보물이 있다.

지루함은 어두운 지하실

대다수의 사람은 지루함이 어째서 그렇게 고통스러운지 콕 집어 얘기할 수 없다. 생각을 거치지 않은 무의식적인 반응인 경우가 대부분이기 때문이다. 또한, 지루함을 느끼자마자 무언가로 덮어 버리는 습관이 몸에 익은 탓에 자세히 조사할 기회를 가져 본 적도 없다.

무언가에 무의식적으로 반응하면 그 대상을 어떻게 생각하고, 반대로 대상이 우리에게 어떤 영향을 끼치는지 알지 못한다. 예를 들어 보자. 누구나 딱히 이유 없이 불안하거나 슬펐던 기억이 있다. 우리 마음 심연에 숨어 있는 무언가가 우리를 불편하게 한다. 어디서 튀어나왔는지 알 수 없는 부정적인 기분이 무의식적인 생각을 자극하는 경우가 종종 있다. 그럴 때, 우리는 그 불쾌한 기분을 다른 것으로 덮거나 회피할 방법을 찾으려고 한다.

몇 년 전 어느 여름날 밤, 나는 불안과 두려움에 시달리기 시작했다. 딱히 이유는 없었다. 그날 밤, 내가 가르치는 일을 시작한 이래 가장 힘들었던 수업으로 돌아가는 꿈을 꿨다. 잠에서 깼을 때 꿈이란 걸 알았고, 새 학년의 불확실성 때문에 불안과 두려움이 생겼다는 것을 깨달았다. 꿈은 무의식의 생각과 공포를 수면 위로 끌어올렸다.

자세히 살펴보기 전까지는 지루함이 왜 그렇게 불편한지를 정확히 파악할 수 없다. 그저 지루함이란 공간 안에 불편, 불안, 동요, 뭔가 해야 한다는 욕구를 자아내는 존재가 있다는 것만은 확실하다. 한눈을 팔 곳이 없으면 그 부정적인 감정들이 겉으로 드러나고, 피할 길이 더 막막하다. 하지만 부정적 감정들은 우리에게 신호를 보낸다. 마침내 지하실 문을 열어 그 어둡고 무서운 공간 안에 무엇이 있는지 확인할 절호의 기회가 왔다고.

지루함은 문화적 터부

'지루함'이라는 낱말을 인터넷 검색창에 넣으면, 거의 대부분 부정적인 내용만 나열돼 있다는 것을 곧 알게 된다. 닭이냐 달걀이냐 논쟁과 다르지 않겠지만, 나는 지루함이 나쁘다고 배운 탓에 회피하게 됐다고 믿는다. 수 세기에 걸쳐 지루함은 수치스러운 행동을 낳는 발원지이자, 피해야 하는 대상으로 여겨졌다. 서구 사회에서는 "게으른 손은 악마의 작업장"이란 표현이 흔히 사용된다.

'빈둥거림doing nothing'을 바라보는 사회적 편견은 20세기를 거쳐 21세기까지 이어졌다. 지루함을 나태, 목표 의식 부족, 심지어 범죄 행위와도 관련이 있다고 보는 문화적

풍조 속에 우리는 살고 있다. 그래서 최대한 많은 활동으로 '시간을 채우는 법'을 아이들이 어렸을 때부터 훈련시킨다. 빈둥거리는 아이에게는 뭐가 됐든 생산적인 활동을 하라고 불호령이 떨어진다. 우리는 지루하다는 것은 뭔가 잘못됐다는 뜻이고, 공부를 하든 놀든 항상 열심히 하라는 교육을 받으며 커왔다.

우리 사회에서 성공은 종종 가장 많은 시간을 쏟거나, 가장 많은 일을 하거나, 가장 호감 가는 사람이 된다는 뜻이다. 우리는 성공해야 하기에 지루할 시간이 없다. 주변 사람보다 앞서 나가야 하니까 최대한 많은 시간을 쏟아부어야 한다. 이런 명제를 진리로 받아들이면 지루함을 느낄 때 당연히 잘못됐다고 느낀다. 사실 요즘은 "나 너무 바쁘다"라고 남들에게 말하며 자신의 지위와 중요성을 드러내는 게 유행이 됐다. 바쁨은 영광의 훈장이 됐다!

점차 경쟁이 심화되는 이 시대 경제의 본질로 인해 지루함을 터부시 하는 시선이 강화됐다. 기업과 사람들은 제품이나 서비스를 판매하며 최대한 많은 이익을 얻으려고 서로 경쟁한다. 모두가 최고가 되려고 애를 쓴다. 이런 시스템이 원래 '잘못됐다'고 할 수는 없다. 하지만 지루함이 스멀스멀 올라오면 죄책감을 느끼는 증세가 이미 심해진 우리에게 어떤 영향을 끼칠지는 알고 있어야 한다.

지루함은 어째서 무서운가

19세기 프랑스 작가 마리 조세핀 드 수앵Marie Josephine de Suin
은 지루함이 "자신에 대한 두려움"이라고 했다. 지루함에
빠지면 사회적 규범과 문화적 기대치에 부응하지 못한 자
신이 발가벗겨지기 때문이다. 우리 삶에 훈습된 규범과
기대치를 세계관 또는 인생철학이라고 한다. 세계관에는
세상이 어떻게 돌아가야 하는지, 어떤 인생을 살아야 최
선인지, 무엇을 갈구해야 하는지, 누가 '좋은' 사람인지 판
단하는 신념들이 존재한다. 하지만 우리가 세계관으로 여
기는 신념 중 다수는 불행과 가식적인 인생을 초래한다.

지루함은 일종의 생존 본능으로서, 더 나아지려면 더
열심히 일하라고 채근한다. 그래서 사람이 지루해지면,
뇌는 더 나은 자신이 되는 길을 분주하게 찾아 헤맨다. 그
러나 이 과정에 우리가 배운 모든 사회적 규범과 기대치
가 끼어든다. 지루함은 우리가 꾸준히 발전하기를 바란
다. 다만 우리가 알고 있는 발전 방식이 곱씹지 않은 믿음
에 의해 제한될 때 종종 문제를 일으킨다.

지루함이 던지는 메시지

우리는 평생에 걸쳐 세계관을 흡수한다. 대부분 가족, 미디어, 학교, 직장 그리고 기본적으로 개인과 세계의 모든 상호작용을 통해 무의식적으로 습득한다. 어린 시절부터 뇌리에 새겨진 특정한 문화적, 사회적 이상ideal을 달성하기 위해 많은 이들이 고군분투한다. 소셜 미디어를 비롯한 여러 미디어를 통해 하루에도 수백 번씩 우리가 도달해야 할 이상을 폭탄 세례처럼 받는다. 대부분 허상이고 왜곡된 진실이란 걸 어느 정도 안다. 하지만 여전히 우리는 다음과 같은 생각의 노예다. 사람은 역시 외향적이어야 하니까 친구는 수백 명씩 되어야 하고, 최신 전자 제품을 소유해야 하며, 엄청나게 성공해야 하는 데다가, 그 과정을 고통스러워하기는커녕 무한한 즐거움을 느껴야만 한다. 그래서 우리 실생활이 주입된 이상을 따라잡지 못할 때 완전히 망했다는 느낌을 받는다.

자신에게 이런 질문들을 던져보자. 인생에서 이상에 부응하지 못하는 부분이 무엇인가? 성공했다고 여겨질 만큼 돈을 벌고 있는가? 이미 결혼했는가? 친구는 많은가? 몸매는 근사한가? 외모도 이 정도면 준수한가? 성격은 흠잡을 데 없을까?

자아를 보는 내 시각에 결정적인 영향을 끼쳤던 건 세상이 기대하는 성격이었다. 외향적인 성격이 가장 이상적이라고 보는 분위기에서 성장했기 때문이다. 학교에서는 반 아이들 앞에서 얼마나 자신감 있게 발표하는지를 두고 아이를 평가했다. 최근에도 '더 활발한 성격이 되는 열 가지 방법' 또는 '수줍음을 극복하는 법' 같은 기사가 자주 눈에 띈다. 내향적인 성격이 이상적이지 않다는 사회적 판결을 거리낌 없이 내린다. 전적으로 외향적인 사람이 아니라면, 조금 문제가 있다는 이야기다. 수전 케인의 《콰이어트Quiet》를 비롯해 근래 출간된 책을 보면, 외향성 옹호에 반기를 드는 내용이 과거보다 큰 폭으로 쏟아지고 있다. 그러나 남들보다 더 내성적인 나는 활발함을 칭찬하는 장면을 볼 때마다 여전히 주눅이 든다.

할 일 없는 토요일 밤, 아니면 고요한 일요일 낮. 삶에 빈 공간이 생겨 나른한 지루함에 빠져들면, '사회적 기대'가 이것은 잘못이라고 말한다. 그럴 때면 고통스럽다. 이유는 알 수 없지만 너무 꺼림칙하다. 가끔 홀로 지루해 있으면, 모호한 느낌이 나를 채근한다. '친구들 만나러 나가야 하지 않니? 조금 더 사교적인 사람이 되도록 노력해 봐.' 그러면 내가 충분히 외향적이지 못하다는, 깊이 내재

화된 믿음으로 인해 스스로를 부정적으로 바라보기 시작
한다. 지루함의 순간은 뭔가 잘못됐다는 생각을 심는다.
그러나 잘못된 건 지루함이 아니다. 지루함의 공간에 피
어오르는 그런 신념이다.

주말 밤에 혼자 있으면, 심하게 우울해 하는 사람들이
있다. 여자 친구나 데이트 상대가 없다는 이유 때문이다.
우울감은 곧 영원히 내 짝을 찾지 못할지도 모른다는 절
망으로 급속히 변한다. 지루함이란 공간에 들어가면 불안
한 사람들도 있다. 이 시간을 즐겁게 지내지 못하고 지루
하게 보내는 이유는 수입이 신통치 않아서라는 생각이 들
기 때문이다. 지루함은 우리가 진리로 믿기로 작정한 이
상ideal에 이르지 못했다는 느낌을 가장 고통스럽게 이끌
어낸다.

지루함을 통해 폭로되는 편협한 신념들

• 행복은 외부 사건에 의해 좌지우지된다

외부 사건에 따라 우리의 행복과 인생의 만족이 달라진다
는, 이 거대하고도 무의식적인 신념은 강한 해악을 내포
한 세계관이다. 이런 신념을 갖고 있으면, 우리는 외부 세
계의 노예가 되고, 타인의 기분이나 통제할 수 없는 사건

에 휘둘리는 존재가 된다. 외부 사건들이 우리 인생의 만족에 영향을 끼치는 건 분명하지만, 만족과 충족이 내면에서부터 시작되어야 한다는 것을 우리는 깨쳐야 한다. 우리의 욕망을 남이 해결해 주고, 내 문제가 바깥 요인으로 해결된다면 훨씬 행복할 것이라고 생각하고픈 유혹을 견뎌야 한다. 그 대신 불교에서 말하는, 집착에서 벗어나려는 노력무착(無着)을 해, 외부의 모든 것들이 진정한 만족을 줄 수 없다는 사실을 깨달으면 어떨까? 지루한 순간이 찾아오면, 어떤 외부 요소도 우리의 분위기를 끌어올릴 수 없다. 지루함을 통해 우리가 행복하기 위해 얼마나 바깥 환경에 기댔는지를 알 수 있다.

• 세상은 경쟁의 장이다

경쟁이 자연스러운 인생살이라는 관점 역시 문제다. 경쟁이라는 렌즈를 통해 인생을 보면, 사람들은 저마다 불안과 공포 속에 살고 있다. 경쟁의 세계관은 내가 남보다 나아야 성공하고, 나의 가치가 올라가고, 만족스러운 인생을 살 수 있다고 넌지시 내비친다. 따라서 어떤 식으로든 남들에 못 미친다고 느끼면, 우울하고 걱정이 되거나, 끝없이 남을 흉내 내는 처지로 전락한다. 이는 굉장히 스트레스가 쌓이는 인생살이다. 문제는 경쟁의 세계관에서 비롯된 끝없는 비교가 결국 천편일률과 동조conformity를 낳는다는 점이다. 창작을 하는 사람들이라면, 서로 다른 예술가가 만들어낸 개인적이고 독특한 작품이 경쟁력을 갖는다는 사실을 대부분 알고 있다.

인생에 경쟁의 측면이 있는 것은 맞지만, 경쟁을 인생살이의 밑바탕으로 여긴다면 지루함은 곧 고통이다. 지루할 틈이 어디 있나, 경쟁해야지! 옆 사람보다 앞서 나가려면 지금 뭐라도 해야 한다. 그러지 말고 세상을 창조적인 시선으로 바라보자. 숲에서 나무가 자랄 때, 나란히 있는 나무끼리는 물, 토양, 햇볕을 놓고 경쟁을 하는 상대라고 생각할 수도 있다. 하지만 그와 동시에 나무 한 그루는 자신만의 '나무다움'을 키우고, 개별적인 창조물로 커가는 데 마음을 다한다. 경쟁에서 창조로 마음을 바꾸면 지루함을 경험하는 방식도 변한다. 지루함으로 인해 창조적 발상을 할 시간을 가질 수 있기 때문이다. 그러니 고민하는 대신 신나는 게 옳지 않겠는가.

• 인생의 모든 순간이 즐거워야 한다

우리는 종종 지루함을 기쁨의 반대말로 여긴다. 그런 까

닭에 지루함과 마주할 때, 삶이 늘 더할 나위 없는 행복으로 채워져야 한다는 신념과 충돌하는 건 어찌 보면 당연하다. 사람들은 계속 새롭게 등장하는 가짜 영성의 유행과 미디어를 접하며 인생 전체가 기쁨과 평화, 영원한 만족으로 가득해야 한다는 믿음을 굳히게 됐다. 내 인생이 그런 기대에 부응하지 못하면, 불만을 갖고 낙담한다. 여기에 지루하기까지 하면 점입가경이다. 인생에 지루함이 등장하면, 신념과 실제 경험 사이의 모순이 인지부조화를 야기하고, 필연적으로 혼란과 실망이 이어진다. 그러지 말고 고통 없는 기쁨도, 증오 없는 사랑도 없다고 마음에 새기자. 이런 대조는 우리가 경험해 봐야만 아는 것이다. 안타깝게도 우리 대부분은 지루함을 느끼면, 곧바로 재미있는 오락거리로 그 틈을 채워 넣는다. 지루함 덕분에 더 큰 충만감을 느낄 것이라는 사실을 영원히 깨닫지 못한 채 살아간다.

• 개인의 편협한 신념

편협한 신념 중에는 개인 성향이 뿌리 깊게 박혀 있는 것들이 있다. 사람에 따라 유독 강력하게 작용하는 사회적 이상이 따로 있기 때문이다. 매우 개인적인 내용이라 모두에게 통할 사례를 찾기는 어렵다.

　나의 경우, 이상적인 북미 남성에 대한 고정관념 때문에 괴로웠다. 운동 잘하게 생겼다는 말을 자주 들었지만, 나는 어떤 스포츠에도, 그와 연관된 문화에도 빠져 본 적이 없다. 대신에 '스타 트렉Star Trek'을 사랑하는 몽상가였고, 살짝 내성적이었으며, 친구 집에 가서 밤새 '던전 앤 드래곤Dungeons & Dragons' 게임을 하는 아이였다. 나는 스스로를 대체로 마음에 들어 했지만, 내 스타일이 이상적인 남성형과는 거리가 멀다는 생각이 마음속에 자리하고 있었다. 정해진 틀에 꼭 맞지 않기에 다소 모자란 아이였다.

　성장해서는 스포츠, 자동차를 비롯해 전형적인 '남자' 문화를 즐기는 무리 틈에 들어가려고 노력했지만, 소득은 없었다. 도무지 적응할 수가 없었다. 더 아웃사이더로만 느껴졌다. 지루한 시간이 오면, 내가 실제로 느끼는 내 모습과 이상을 연결해 봤다. 실제로 내게 부족한 점이 있는 건 아니었다. 하지만 내가 세상을 보는 시각에 문제가 있다고 깨닫기 시작했다. 지루함이 만들어준 공간 덕분에 내가 지켜온 신념이 긴 세월 동안 고통과 불편함을 주었다는 사실을 알았다.

불편함은 지루함 때문에 드러나는 것이지
지루함 그 자체는 아니다

지루함은 우리의 신념을 겉으로 드러낸다. 해롭고 편협하며 고통스러운 신념을 말이다. 개인의 신념은 설령 그것이 진실과 거리가 멀어도 줄곧 진실이라고 믿는 명제다. 오랜 시간 동안 세상과 상호작용하면서 내 안에 깊이 뿌리를 내린, 자아와 세계에 대한 신념이다.

이런 신념에 정면으로 맞서는 일은 무척 불편하다. 자신이 똑똑하지 않다고 믿는 사람이 있다고 치자. 지루함은 그 신념 앞에 그를 끌어다 앉힌다. 지루한 시간 동안 자존감이 낮아지는 느낌이 들기도 하고, 심지어는 그간 실패했다고 느꼈던 온갖 순간들이 다시 떠오르기도 한다.

부정적인 기분이 드는 이유는 지루함 그 자체 때문이 아니다. 지루함이라는 공간에서 온갖 해로운 느낌과 신념이 수면 위로 떠오르기 때문이다. 책의 뒷부분에서 지루함 덕분에 우리가 느낄 수 있는 긍정적이고, 의미 있고, 충만한 경험을 이야기할 텐데, 부정적인 신념과 생각을 모두 깨끗이 치워낸 후에야 비로소 긍정적인 효과가 우리 삶에 들어올 채비를 마친다. 우리는 온종일 바쁘게 산다. 머릿속에는 일, 학교, 장보기, 통신사에 전화하기, 그 외에도 오늘날 세상을 살아가는 데 필요한 수백 가지 일이 들어차 있다. 다시 말해 우리는 정신이 팔려 있다. 하지만 '해야 하는' 일이나 '할 수 있는' 일이 없어 주의를 집중할 활동 사이에 틈이 생기면, 마음속 깊이 자리한 부정적 신념이 치고 들어온다. 바로 그때 지루함의 공간 안에 숨겨진 우리의 편협한 신념을 낱낱이 탐구할 수 있다.

지루함이 무서운 진짜 이유

20세기에 가장 유명한 철학자 중 한 명인 마르틴 하이데거는 지루함이 인간 존재에 관한 근원적이고 두려운 진리를 드러낸다고 말했다. 우리 인생 안의 모든 것과 인생 자체가 언젠가는 다 무의미해질 것이라는 진리 말이다. 지금 열의 넘치게 매달리는 일이 언젠가는 내게 아무 의미도 없는 날이 온다. 그렇게 갈구했던 목표가 얼마 못 가서 허망해 보인다. 지루함은 우리 모두가 채우려 안달하는 공허함을 드러낸다. 라르스 스벤젠Lars Svendsen, 대표작《지루함의 철학》은 지루함이 "끝없이 삶을 채우려는 욕망의 추구가 초래하는 불가피한 결핍"이라고 했다.

다들 느껴본 감정이리라. 좋은 인생, 좋은 직업, 동반자, 그리고 그 외에도 원하는 건 거의 다 가졌지만, '여전히'

뭔가 빠졌다는 느낌이 든다. 채워야 하는 빈 공간이 있다. 오늘날 많은 사람들이 최신 영성 유행을 우르르 쫓아다니는 이유다. 혹시 공허를 채울 수 있을지 알고 싶어서, 충만한 인생으로 향하는 배를 나만 놓치고 있었던 것은 아닌지 궁금해서다. 사람들은 어쩌면 '존재의 완성'을 찾아 헤매고 있는지도 모른다. 대부분의 위대한 종교가 천국, 열반, 혹은 발할라Valhalla, 북유럽 신화에 나오는 궁전를 이야기하며 존재의 완성을 약속한다. 그것은 언제나 충만감을 느끼고, 삶에 충실하며, 의미 있고, 평화롭고자 하는 욕망이다. 분명 인간이 태초부터 갖고 있었던 욕망이다.

우리는 인생에서 제대로 된 목표만 찾아낸다면, 완벽하고도 온전한 행복에 이를 수 있다고 생각한다. 삶에 영원히 충실할 수 있도록 나를 이끌어 줄 인생 목표를 갈구한다. 그러나 지루해지는 바로 그 순간, 시간 속 공허한 공간을 인생의 어떤 의미로도 채울 수 없다는 사실을 깨닫는다. 그곳에는 그저 지루함만 있다. 목적도, 의미도, 아무것도 없다. 모순되게도 우리는 지루할 때, 의미에서 가장 멀리 떨어진 기분을 느끼지만, 자신에게 지루할 틈을 내어 주는 순간, 우리가 경험할 수 있는 가장 진실하고 충만한 의미를 빠르고 강력하게 찾아낼 수 있다.

우리에게 필요한 것은 음식, 물, 공기 그리고 의미

빈 출신의 정신과 의사로 나치 강제 수용소에서 살아남은 빅토어 프랑클은 인간에게 두 가지 본능적 욕구가 있다고 말했다. 첫 번째는 생존 욕구, 두 번째는 생존의 목적을 찾으려는 욕구다. 우리가 지루함을 진저리치도록 싫어하는 또 하나의 큰 이유는 인간이 생존을 위해 사투하도록 프로그래밍되어 있기 때문이다. 싸워서 얻어 낸 삶이어야만 전적으로 몰입할 수 있다. 선사 시대 인간은 온갖 종류의 위협에 한시도 경계를 늦추지 않으며 식량과 안식처를 찾아 쉼 없이 헤매야 했다. 인간에게는 여전히 그러한 생존 투쟁의 기본 욕구가 남아 있지만, 현대 사회에서 생존을 위한 투쟁은 예전과 많이 달라졌다. 라르스 스벤젠은 인생이 존재를 위한 분투이고, 존재가 보장됐을 때 삶은 지루해진다고 했다. 다시 말해, 기본 욕구가 충족되면 인생의 다른 의미를 찾아야 한다. 이 단계에 오면, 돈, 식량, 안식처를 더 많이 구해도 삶의 만족도가 올라가지 않는다. 더 큰 집을 사고, 하와이 여행 횟수를 더 늘리고, 더 비싼 차를 사는 것으로 자신을 설득해도 이미 기본적인 생존 욕구와는 한참 동떨어진 일이다. 이제 그런 식으로는 갈구하는 의미를 얻지 못한다.

프랑클 박사는 이렇게 생존을 넘어서 의미를 찾고자 하는 욕구를 일컬어 '의미에의 의지will to meaning'로 명명했다. 카를 융Carl Jung은 개인의 의미 부재가 정신 건강을 병들게 하는 큰 이유라고 했다. 미국의 저명한 심리학자 어빈 얄롬Irvin Yalom, 대표작《나는 사랑의 처형자가 되기 싫다》도 인생에 의미가 없을수록 정신 문제를 더 많이 겪는다고 주장한다. 따라서 인생의 길잡이가 될 개인의 의미를 구축하는 일은 인간 존재에서 가장 중요한 측면 중 하나다.

캐나다의 심리학자로 인간의 의미 연구에 인생을 바친 폴 웡Paul Wong 박사는 인간이 진정으로 원하는 것은 만족스럽고 충만한 인생을 사는 일이라고 말한다. 이는 우리가 어떤 인생을 살지, 추구해야 할 목표가 무엇인지, 어떤 삶이 가치가 있는지를 고민할 때 길잡이가 되어 줄 개인의 의미를 찾을 때 이뤄낼 수 있다고 말한다. 또한, 미국의 신화학자로 평생을 전 세계 신화와 문화 이야기 연구에 바친 조지프 캠벨Joseph Campbell 역시 비슷한 주장을 내놓았다. 인간이 모든 행동에서 진심으로 발견하고자 하는 것은 살아 있다는 체험이라고 했다. 다시 말해 우리가 찾는 건 의미 있는 몰입이다. 따라서 우리가 갈구하는 개인의 의미는 인생을 살기 위한 규범이고, 가장 만족스럽고 충만하며 열정적인 인생으로 나아가도록 이끌어 주는 길잡이다.

인생은 부조리하다

거스를 수 없는 개인의 의미를 찾는 것은 생을 이어가는 데 대단히 중요하다. 하지만 인생을 어느 쪽에 바쳐야 개인의 의미를 찾을 수 있을까? 또한 그렇게 찾은 의미가 정답이라고 확신할 수 있을까? 소셜 미디어에 넘쳐흐르는 인생 조언, 지침서, '~하게 사는 열 가지 방법' 등을 읽으면 인생을 사는 방법이 정말 수백만 가지도 넘겠다는 생각이 든다. 갖가지 영성 철학마다 최고의 인생을 사는 법을 두고 다른 의견을 갖고 있는 듯이 보인다. 그런데 주류 사회의 대세는 세계적으로 위대한 철학과 종교 전통의 주장과 충돌하는 양상이다. 그렇다면 우리는 어디에 기반을 두고 개인의 의미를 찾아야 할까?

프랑스 철학자이자 작가인 알베르 카뮈Albert Camus와 장폴 사르트르Jean Paul Sartre는 인간의 존재가 '부조리하다'고 표현했다. 인간은 인생에서 의미를 찾지만, 누구도 딱히 '이거야'라고 확신할 수 있는 의미나 목적을 아직 찾지 못했기 때문이다. 만족으로 인도할 삶의 방식이 이건지, 저

건지 알 길이 없다. 완벽한 존재existential perfection가 되기 위한 욕구를 완벽하게 채워줄 의미란 없다. 이 철학자들을 비롯한 많은 이에게 의미 부재는 인류의 가장 근원적인 문제이며, 몹시 받아들이기 힘든 난제다. 나만의 의미를 가져야 한다는 명제와, 우리가 선택한 의미가 정답인지 영원히 확신할 수 없다는 사실이 우리를 광기로 몰아넣을 수 있다!

의미는 신께서 알려 주셔야죠?

더 큰 존재를 믿는 신앙인이라면 어떨까 궁금한 분들이 분명 있을 것이다. 종교라면 충만한 인생으로 인도할 의미를 찾는 일이 더 수월하지 않을까? 하지만 중세 기독교 수사修士들마저도 인생의 의미를 잃어버려 괴로워했다. 수사들은 '한낮의 악마noonday demon'를 이야기했다. '악마'는 수도에 전념하는 하루 일과의 중간쯤에 불쑥 찾아와서, 하는 일마다 흥미가 떨어지게 하고, 다른 일을 하고 싶게 만든다. 설마 수사들이 신께 헌신하는 마음이 모자라 몰입하지 못했던 걸까? 그들이 종신을 서약한 종교의 의미만으로는 인생의 충만감을 느끼기에 부족했을까?

어쩌면 이 모든 것에 커다란 의미가 숨어 있는지도 모

른다. 우리 실존의 배후에 숨어 있는 어떤 의식. 어쩌면 모두 신이 준비한 것일 수도 있다. 하지만 그 의미를 알아내기란 불가능하다. 중세 시대 수사가 자신의 일을 천직으로 받아들이고 평생 이어가겠다고 마음을 굳히고 살았다면, 어떤 의심도 품지 않았을 것이고, '한낮의 악마' 역시 찾아오지 않았을 것이다. 영화 '은하수를 여행하는 히치하이커를 위한 안내서'에 나오는 아래 대사를 접하면 언제나 그런 생각이 떠올랐다.

"그들 중에 지구에서 온 인간이 하나 있었는데, 우리 이야기가 펼쳐지기 시작할 때, 찻잎이 동인도회사 역사를 모르는 것처럼 자신의 운명을 알지 못했다."

다시 정리하면, 인간이라는 존재가 신이 세운 계획의 일부일 수도, 아니면 다른 우주적 작용의 일부일 수도 있지만, 명확한 사실은 그 계획이 무엇인지, 우리의 역할이 무엇인지 확실히 알아낼 길이 없다는 것이다.

인생의 부조리함을 받아들이면, 존재라는 골칫거리가 품은 두 가지 진실의 윤곽이 뚜렷해진다. 첫째, 인간은 어떠한 길잡이나 확실한 보증 없이도 스스로 인생을 살아갈 방식을 선택할 자유와 의무를 가진 존재라는 자각이다. 둘째는 인생을 사는 최선의 방법을 찾는 데 허용된 시간이 누구에게나 똑같이 유한하다는 진실이다. 언젠가는 모두 죽는다는 진리 때문에 나만의 의미를 찾는 과정은 더 급박하고 초조하다.

우리가 지루함을 왜 그토록 두려워하는지 이해하고 난 지금, 이런 의문이 생길 것이다. '내가 뭐 하려고 이 장을 읽었지? 그냥 살던 대로 여기저기 정신 팔며 살면 안 될까?' 지루함에서 비롯된 두려운 진실을 대하는 우리의 반응은 진실 자체보다 더 강하게 인생을 무너뜨릴 수 있다. 인간의 불행과 불만은 지루함을 두려워하는 마음에서 출발하기 때문이다.

제3장

지루함을 회피하려는 파괴적 반응들

> "지루함은 모든 악의 근원이다."
> – 쇠렌 키르케고르 Soren Kierkegaard

케임브리지에서 수학한 20세기 철학자 버트런드 러셀 Bertrand Russell은 세상의 악이 대부분 지루함을 회피하다 생겨나고, 지루함 자체는 악하지 않다고 주장했다. 세계 정복을 목표로 하는 전쟁부터 극히 사소한 일로 빚어진 이웃과의 말다툼까지, 부정적이고 파괴적인 행동의 근원에는 지루함의 고통에서 벗어나기 위해서 무언가에 끊임없이 몰입하려는 인간의 욕구가 크게 자리하고 있다. 앞 장에서 읽은 내용을 기억하며 인간이 지루함이란 텅 빈 공간을 채울 때 일반적으로 나타나는 파괴적 반응을 알아보자.

시간 채우기와 시간 죽이기

지루함 때문에 비롯된 불편한 감정을 덮어버리기 위해 가장 흔히 사용하는 방법이 시간 채우기와 시간 죽이기다. 우리는 주변에서 찾을 수 있는, 가장 쉽고도 즐거운 활동으로 지루함의 공간을 채운다. 예를 들어 TV 시청, 쇼핑, 인터넷 서핑, 비디오 게임, 한두 잔의 술, 독서, 그리고 별로 치울 것도 없는 창고 정리다. 직장, 학교, 요리, 집 구하기, 목표 추구처럼 현대 사회에서 생존에 꼭 필요한 활동과는 별개다. 이들 대부분은 의미 있거나 중요한 활동 사이에 자그마한 틈처럼 있는 시간을 채운다는 것 외에는 별다른 중요성을 갖지 못한다.

우리 인생 속 공간을 그런 활동으로 채우거나 죽인다는 건 지루함이 약간 불편한 정도에 그친다는 암시다. 지루함을 바라보는 사회적 편견을 그대로 따른 반응이거나, 지루함이 인생에서 의미 있는 것들의 틈바구니에 끼어 있는 작은 공간에 불과하다는 뜻일 수도 있다. 따라서 이런 경우에는, 인생이 더 의미 있고 만족스러우면 지루함의 고통이 줄어든다.

시간을 때우고 죽이는 것은 가장 해롭지 않은 형태의 주의 환기다. 우리 모두는 매일 어떤 식으로든 시간을 때

우거나 죽인다. 복잡한 인생살이의 스트레스에서 벗어나 잠시 쉬어 가는 시간이 반드시 필요하다. 하지만 이런 활동이 인생을 탐구하는 데 걸림돌이 된다면 이는 파괴적인 형태의 환기이고, 그 때문에 만족스럽고 충만한 존재를 형성하는 길이 차단된다.

지루함은 중독을 낳는다

쉽고 즐거운 활동이 점점 더 많은 시간을 잡아먹기 시작하면, 점차 생활을 파괴하고, 나중에는 중독으로 이어질 수 있다. 캐나다의 심리학자 브루스 알렉산더Bruce Alexander 는 중독을 이렇게 정의한다. "추구하는 대상을 막론하고 과도한 몰입으로 중독 당사자, 사회, 또는 그 양쪽 모두에 해를 끼치는 것이다." 중독의 소모적인 특성을 부각하는 정의로, 우리가 감각을 통한 즐거움에 빠져든다는 의미다.

지루함을 채우려고 했던 활동이 중독으로 변하면, 지루함이란 공간은 더욱 고통스럽게 변하고, 갈수록 강력한 수단을 동원하지 않으면 지루함을 메울 길이 없어진다. 나는 교육 현장에서 10대 아이들의 게임 중독을 직접 목격했다. 악의 없이 즐기던 비디오 게임이 아이들 인생의 중요 영역을 위협하는 본격적인 중독으로 서서히 변질됐다. 초반에는 게임을 하다가도 쉽게 멈출 수 있고, 한두 시간만 놀아도 충분하다. 그러나 성적이 부진하고 온 사방에서 압박을 받으면, 아이들은 밤새 게임을 하고 수업 시간에 잠을 청한다. 이로 인해 학업과 친구 관계가 파괴적인 영향을 받는 건 말할 필요도 없다. 중독에 분명히 행위적 측면이 있으나, 지루할 때 가장 지독해지는 고통스러운 감정을 덮다가 중독에 빠지는 경우가 많다.

사회적으로 용인되는 중독

때로는 생활 속에서 중독으로 깨닫지 못하는 행위들도 있다. 사회적으로 용인되는 중독이기 때문이다. 최근에 눈에 띄는 건, '울트라 마라톤정식 마라톤 풀코스인 42.195킬로미터보다 긴 거리를 달리는 마라톤'처럼 극단적인 형태의 신체 활동에 중독된 사람의 증가세다. 각자 건강을 책임진다는 점에서는 찬성할 일이지만, 극단적인 체력 소진이 건강에 도움이 될 것 같지는 않다. 마라톤의 기원만 살펴봐도 안다. 고대 그리스에서 가장 처음 마라톤을 했던 사람은 달리기를 마치고 죽었다! 문제는 이런 종류의 중독 대다수가 사회에서 용인되고, 나아가 장려된다는 데 있다. 쇼핑 중독, 일중독, 운동 중독도 마찬가지다. 은연중에 장려 받기까지 하는 이런 활동으로 지루함을 메우는 건 가장 위험한 대응책일 수 있다. 이런 중독들이 우리 삶을 차지할 때, 사회는 오히려 그런 노력을 보상해 주기도 한다.

우리가 지나치게 바쁜 상황을 만든다

지루함의 고통을 덮는 방법 중 사회적으로 가장 쉽게 용인되는 것은 활동에 강박적으로 몰입하거나 과도하게 바쁘게 지내는 것이다. 실제로 요즘은 바쁘게 산다는 의미가 개인적, 사회적 가치와 위험할 정도로 밀접하게 얽혀있다. 어빈 얄롬은 이를 두고 "개인의 에너지가 지나치게 소진되어 의미의 문제에서 독소가 사라질 정도로 정신없이 바쁜 상황"라고 표현한다. 너무 바쁜 스케줄 탓에 지루함을 느낄 틈이 없다면, 사회적 기대를 충족시키지 못한 데서 오는 고통, 자신에 대한 부정적인 생각, 그리고 인생의 부조리를 전혀 느끼지 못하고 살아가게 될 것이다.

어떤 활동이든 강박이 되거나 과도해질 수 있지만, 일의 성공이나 부의 축적처럼 지배적인 문화 규범에 발을 맞추며 지나치게 활동하는 경우가 흔히 보인다. 우리 중에는 여가 시간을 전부 일로 채우고, 하루 12시간에서 14

시간을 사무실에서 보내는 사람들이 있다. 이는 보통 출세, 안정, 또는 뒤처지지 않으려는 노력이라는 허울로 정당화된다. 그중에는 자신의 일을 사랑해야 한다거나, 요즘에는 모두 그렇게 산다며 자기 합리화를 하는 사람도 있을 것이다. 하지만 바쁨이란 대개 지루함으로 인한 고통에서 고개를 돌리려는 세련된 수단일 뿐이다.

과도하게 바쁜 실상이 다른 모습으로 나타나기도 한다. 시간이 남으면 강박적으로 사람을 만나는 경우가 있다. 의미 있는 사회적 교류는 누구에게나 필요하지만, 지루함의 공간을 마주치지 않으려고 사교 활동에 매달리게 될 수도 있다.

꼭 한 가지 일에만 매달리지 않아도, 지나치게 바쁜 상황에 해당될 수 있다. 겉으로는 다채로운 활동에 시간을 적절히 분배해 참여하는 것처럼 보여도 '텅 빈' 시간이 거의 또는 전혀 없다는 면에서는 똑같다. 매우 바쁘게 인생을 살다 보면 지루함이 극도로 불쾌해진다. 우리 문화에서 아무것도 할 일이 없는 상태는 곧 그 사람에게 뭔가 문제가 있다는 의미다. 시간이 가면 지루함을 떠밀어내는 강박적인 활동의 효용성이 점점 떨어진다. 워커홀릭이 직장을 잃어 갑자기 빈 시간이 생기면 예전보다 더욱 견디기 힘들어진다. 뭐라도 할 일을 찾는 건 어려운 일이 아니기에, 과도한 바쁨은 쉽게 선택할 수 있는 간단한 도피 수단이다. 예를 들어, 일중독자가 직장을 잃어 갑자기 텅 빈 시간이 생기면 매우 견디기 힘들어 한다. 과도한 바쁨은 쉽게 선택할 수 있는 도피 수단이다. 할 일을 찾는 건 어려운 일이 아니기 때문이다.

지루함을 피하고자 떠나는 여행

누구나 멋진 휴가를 사랑한다. 이 복잡한 세상에서 환경과 삶의 속도에 변화를 주는 일은 어느 정도 필수적이다. 하지만 여행에서 돌아온 그 순간부터 다음 휴가를 생각하며 좀이 쑤시기 시작한다면, 우리는 강박적인 여행자가 된 것이다. '방랑벽'이라고도 불리는 강박적 여행은 항상 새롭고 흥미진진한 것을 경험하게 해주기 때문에 지루함을 완화하는 데 효과적이다. 새로운 도시, 새로운 사람들, 새로운 모험을 하면서 우리는 몰입한다. 한 장소가 지루해지면 또 옮기면 된다.

　일하지 않거나 학교에 다니지 않을 때 집에 있다는 사실을 못 견디는 사람이 많다. 여유 시간이 생기는 순간, 비행기를 타고 떠난 후, 일이 다시 시작되기 하루 전에야 돌아온다.

나라고 다르지 않았다. 2년간 한국에서 교사로 일하다 밴쿠버의 집으로 돌아온 우리 부부는, 도착하자마자 모든 게 새롭고 흥미진진했던 서울로 돌아가고 싶었다. 집은 너무나 따분했다. 그래서 우리가 정말 여행을 사랑해서 그러는 건지, 아니면 집에 돌아와서 불쑥 마주하게 된 지루함을 피하려고 그러는 건지 자문해야 했다.

위험한 행동에 손을 뻗는 사람들

익스트림 스포츠가 최근 점점 더 인기를 끄는 건 우리를 죽음의 문턱까지 인도하기 때문이다. 죽음 직전에 이르는 일은 절대 지루할 수가 없다. 번지 점핑, 절벽 다이빙, 베이스 점핑, 스카이다이빙 등 목숨을 건 스포츠도 모자라, 주말이면 여기저기서 주먹질을 하며 돌아다니는 사람도 있다. 내가 알던 어느 고등학생 무리는 동네 편의점에서 물건을 훔치는 게 제일 짜릿하다고 했다. 심지어는 어떤 웃옷과 바지를 입으면 물건을 숨겨 나오기가 좋은지, 어느 길로 오가야 할지, 점원의 주의를 어떻게 돌릴지, 미리 모여 몇 시간씩 계획을 짜곤 했다. 아이들의 여가 활동은 나날이 위험해졌다. 위험한 행동 때문에 자신이 다칠 가능성이 늘 있다. 보통 시간이 지날수록 행동의 강도도 높아진다.

우리는 '드라마'를 쓴다

지루함을 탈피하기 위해 늘 여행이나 액션의 흥분에만 기대는 건 아니다. 우리 중에는 삶에 계속 몰입하기 위해 드라마를 만들어 내는 사람들도 있다. 적이나 싸울 대상이 있으면, 삶은 더 흥미진진해 보인다. 인생에 극적인 일을 만들어 냄으로써 목숨 걸고 싸워야 살아남던 옛 시절의 필수 덕목인 생존 본능을 되살린다.

손가락 한두 마디만큼 넘어온 마당 펜스나 웃자란 울타리를 놓고 이웃과 전쟁을 벌이는 경우가 전형적인 예다. 고등학교에서는 이런 일이 흔한 일상이다. 한 무리가 또래집단 밖의 아이 하나를 짓밟겠다고 공을 들이고 에너지를 쏟는다. 리얼리티 쇼에 등장하는 일상적인 가십과 드라마도 일시적인 도피처다. 그러나 이렇게 사소해 보이는 '드라마'도 더 격해야 하는 상황이 되면 극단적이고 위험한 행동으로 이어질 수 있다.

신념의 전쟁

무의식적으로 인생이 무의미하다고 느껴 엄청난 사건을 일으키려는 움직임 중 극단적인 형태가 '십자군 운동 crusadism'이다. 어빈 얄롬은 '십자군 운동'을 이렇게 정의한다. "중요하다고 생각하는 명분을 찾고, 보통 그것을 방해하는 상대에 대항해 싸워서 명분에 헌신하려는 욕구다."

요즘은 어디선가 늘 전쟁이 진행되고 있는 것 같다. 겉보기에는 비난할 일도 아니고, 고귀해 보이기까지 하지만, 진정 신봉하는 대의에 개입하는 것과 지루함이라는 고통스러운 공간에 대응하기 위해 몸을 던지는 건 다르다. 특정한 명분이 있어 나설 때는 문제가 해결되면 평범한 일상으로 돌아가는 게 일반적이다. 하지만 '십자군 전사들'은 무너진 명분을 붙잡고 계속 싸우려고 하거나, 시간을 쏟을 수 있는 다른 명분을 찾는다.

사회심리학자 에리히 프롬Erich Fromm에 따르면, 이 십자군 운동의 극단적인 형태는 나치즘처럼 파괴적인 정치 사회적 움직임이나, 최근 지하디스트의 반서방 운동과 궤를 같이한다. 서구 사회도 마찬가지다. 미국은 언제나 적을 상정하는 흥미로운 나라다. 처음에는 히틀러와 일본이 적이었고, 그 뒤로는 소련을 위시로 하는 공산 세계였다. 소런이 붕괴한 후에는 중동이 새로운 적이 됐다. 끊임없이 이어지는 전쟁이란 계속되는 개입을 의미하고, 지루한 공간을 회피하는 수단이다.

지루함을 인식하는 게 도덕적 의무인가?

세상의 모든 파괴적 행동이 지루함에서 도망치려는 결과물은 아니다. 하지만 지루함을 마주한 자신의 반응을 인지하지 못하면, 점점 더 파괴적인 행위를 일삼다가 인생과 세계를 풍전등화의 운명으로 만들 지경에 이를지도 모른다. 지루함을 점점 참지 못하는 요즘 세상에 특히 맞아떨어지는 얘기다.

지루함을 포용하고 배우는 것은 도덕적 의무다. 지루함에 대한 참을성이 점점 고갈되고 있어서다. 지루함을 탈피하기 위해 얼마나 더 잔혹한 행위를 저지를 것인가? 대부분의 선과 악이 지루함이라는 토양에서 자라난다면, 그 토양을 이해하고, 그에 대한 반응을 탐구할 의무가 있다. 지루함은 인간 행동을 이끄는 근본적인 동인動因이기에, 지루함이 인간의 삶에 어떤 영향을 끼치는지 누구나 배워야 한다.

2부

지
루
함
의

힘

제4장

지루함은 명상, 그 이상이다

"지루함이 엄습하면 그 안에 몸을 던져라.
그것이 당신을 짓누르고, 바닥까지 빠뜨리도록 내버려 두어라."
– 요세프 브로드스키 Joseph Brodsky

지금까지 우리가 지루함에서 벗어나려는 이유와 방법을 살펴봤다. 이 자각은 충만한 인생으로 가는 여정을 시작하는 열쇠다. 인생을 변모시키고, 최선의 의미와 목표를 갖고 살려면, 지루함이 우리에게 무엇을 보여 주려는지 열린 마음으로 받아들여야 한다. 지루함은 우리의 삶과 존재를 탐구하는 출발점으로 삼기에 가장 완벽한 공간이자 시간이다. 사실 인생을 탐구하는 데 명상만큼이나 효과적인 방법이기도 하다.

지루함과 명상이 닮은 이유

전통적인 불교 명상은 존재의 본질을 체험할 수 있는 수행으로 고안됐다. 명상 수련은 고苦, 무상無常, 그리고 무아無我의 개념을 이해하는 통찰력을 기르는 데 도움을 준다. 수행자는 명상 중에 사물, 사람, 존재에 대해 배웠던 모든 지식을 떨쳐버리고, 그 진정한 실체를 보려고 노력한다. 일부 명상은 '만물이 연결되어 있다connectedness of all things, 연기(緣起)'는 사실을 경험하는 데 도움을 준다. 가장 고차원의 단계에 이르면, 우주 만물이 생성된 무無와 공空을 체험하는 게 명상의 목표다. 존재의 진리를 보는 사람은 더 깨우친 삶을 살 수 있고, 그래서 더 나은 삶을 살 수 있을 게다.

지루함은 위에 말한 것들은 물론이고, 그 너머까지 경험할 수 있는 이상적인 수단이다. 독일의 철학자로 존재의 본질을 탐구한 마르틴 하이데거는, 지루함이라는 심오한 마음의 상태를 통해 존재의 근원이 드러난다고 주장했다. 실제로 그는 지루함이 실재와 존재를 나타내는 가장 핵심적인 '기분attunement'의 형태라고 했다. 우리가 어느 대상에 마음을 맞추거나 귀를 기울이면, 대상이 하는 말을 듣는다. 특정한 라디오 방송국에 주파수를 맞추면, 거기서 흘러나오는 이야기와 노래를 듣게 된다. 하이데거는 지루함이 우리로 하여금 존재의 본질에 주파수를 맞추어 그 메시지를 듣도록 도와준다고 말한다.

또한, 하이데거는 지루한 상태를 일컬어 '존재에 대한 마음씀mindfulness of being'이라고 했다. 다른 것에 신경을 빼앗기거나 '존재를 망각forgetful of being'하지 않는 유일한 시간이기 때문이다. 그는 이 개념을 설명하며, '여기 있음being-here'과 '떠나 있음being-away'을 비교했다예를 들어, 계속해서 반복되는 업무가 지루할 때, 우리는 분명 매 순간 작업을 하며 존재하고 있지만, 그 작업 자체를 지루해 하므로 그렇게 반복된 작업을 하고 있는 자신의 존재를 떠나 있는 셈이다. 작업에 골몰하고 있을 때, 우리는 그 작업에 마음을 빼앗겨 지루할 틈이 없다.. 우리가 일상 활동에 온 신경을 쓰고 있을 때는 진정성 있는 삶에서 멀리 떨어져 있다. 실제로 하이데거는, 지배 문화의 인생관을 받아들여 보수가 좋은 직장을 구하고 높은 사회적 지위를 얻으려 노력하는 삶은 자꾸 주변에 눈을 돌리는 가짜 인생이라고 말한 적도 있다. 따라서 주의 분산 요소가 없는 지루함은 인생의 만족을 선사하는, 진짜 존재를 탐구하기에 가장 좋은 수단이다.

지루함은 존재를 들여다보는 창

지루함은 어떠한 독단獨斷도 없이 모든 현상의 공허, 무목적, 무無를 보여준다. 지루함은 우리에게 의미 있었던 모든 것을 벗겨 버린다. 지구에 남은 마지막 인간인 당신이 무인도에 홀로 남겨졌다고 상상해 보자. 사회는 더 이상 존재하지 않고, 직장도, 다른 사람도, 심지어는 생명체도 모두 사라졌다. 무엇으로도 당신을 정의할 수 없고, 어떠한 길잡이도 없는 상황. 그곳에 오로지 당신밖에 없다. 이런 현실을 한동안 곰곰이 생각하면, 내가 어떤 행동을 해도 아무 의미가 없다는 결론에 이르게 될 것이다. 심지어는 생존도 무의미하다! 다른 곳에 가기 위해 배를 만들 필요도 없다. 다른 사람들을 찾아 세상을 탐험할 필요도 없다. 물론 한동안은 뭐라도 할 일을 찾아 몰두할 수 있을 것이다. 하지만 궁극적으로 존재함의 유일한 목적은 존재함 그 자체라는 것을 깨닫는 때가 온다. 그리고 이 상황에서 존재함은 아무런 의미가 없다. 그 섬에서 내 모든 행동은, 내 존재가 처한 현실을 눈가림하려는 도피 수단일 뿐이니까.

조지 클루니George Clooney와 샌드라 블록Sandra Bullock이 출연한 영화 '그래비티Gravity' 끝부분에서, 클루니가 맡은 우주 비행사 맷 코왈스키는 영원히 우주 공간을 떠도는 운명을 맞게 된다. 이 장면은 이 영화에서 가장 강렬한 인상을 준다. 우리 대부분은 그 부분을 끔찍하게 여길 것이다. 뭘 해도 달라질 게 없는, 의미와 목적을 상실한 우주 비행사라니. 모든 게 무의미해진다. 책을 읽은들 무슨 쓸모가 있나? 체중을 걱정해 봐야 무슨 의미가 있을까? 뭘 하든 우주를 떠도는 내 존재의 허망함에서 시선을 돌리기 위한 시도일 뿐이다.

이와 유사하게 장 폴 사르트르의 유명한 저서 《구토La Nausée》의 등장인물 아니Anny는 존재에서 시선을 돌리기 위해 과거의 완벽했던 순간들에 매달린다. 지루함의 공간을 피하려고 집착을 만들어냈다. "다시는 내게 열정을 불어넣을 사람도, 그 무엇도 만나지 않으리라"는 선언은 그가 느꼈을 허탈감을 떠올리게 한다. 아니는 자신의 인생이 끝났다고 믿는다.

운 좋게도 우리는 공허한 우주 공간을 떠돌아다닐 운명은 피했다. 어쨌든 지루함은 정확히 그런 느낌이다. 모든 행동, 대상, 생각에는 그 자체의 의미나 목적이 없다. 마음챙김명상의 핵심 개념으로, 대상에 대해 주의를 집중하되 주관을 개입하지 않고 있는 그대로 관찰하는 것 훈련을 하거나 지루함에 빠지는 목적은 평생에 걸쳐 무無를 경험하기 위해서가 아니다. 대신 지루함과 마음챙김을 통해 존재와 잠시 조우하고, 그곳을 짧게 여행하며 통찰을 얻은 후 현실로 돌아오는 것이 목표다. 인생에 지루함을 허락하면 존재의 본질을 더욱 알차게 배울 수 있고, 인생의 만족에 도달하는 데 도움을 받을 수 있다.

마음챙김을 넘어 지루함으로

이 책을 쓰기 위해 조사를 하다가 마음챙김을 지루함의 치료제로 제시한 몇몇 학술 논문을 읽었다. 중요한 부분에서 충돌하는 개념이란 생각이 들었다. 마음챙김은 대상 또는 행위에 대한 약한 관련성참여, 개입, 관여를 의미을 요한다. 다른 말로 표현하면, 마음챙김은 우리 마음의 대상 또는 행위에 대한 약한 관련성을 지루함의 공간으로 다시 끌어오기 때문에 지루함을 치료하는 약이다. 결국 마음챙김은 지루함에서 주의를 환기하는 또 하나의 방법인 것이다! 마음챙김 수행이 명상의 한 형태로 여겨지는 게 사실이지만, 여전히 약한 수준의 몰입을 요구하고, 의미가 완전히 제거된 공간을 형성하지 않는다는 점에 주목해야 한다. 마음챙김은 스트레스와 불안을 느끼는 상황에서 자신의 부정적인 사고방식을 발견하고 변화시켜 감정 및 정신 건강의 문제를 해결하는 데 유익하기 때문에 사용되는 수련이다. 덧붙여, 내가 현실을 회피하고 있다는 점을 정확히 인지하게 해, 현재 이 순간으로 마음을 되돌리게 하는 수단이기도 하다. 이에 반해 지루함은 주위 대상 또는 행위와의 관련성이 완벽히 제거된 상태다. 의미가 전혀 존재하지 않는 공간이다. 마음챙김이 우리를 무의 근처까지 인도한다면, 지루함은 그보다 더 가까이 데려다준다.

이런 비교도 가능하다. 마음챙김을 하는 중에 지루해질 수도 있지만, 지루함 자체를 지루해 할 수는 없다. 지루함은 분위기, 기분, 또는 경험의 최하 공통분모다. 사실 지루함이 지루해진다는 것은 역설이다. 반면에 마음챙김을 지지하는 사람들 대부분은 지루함을 원치 않을 것이다. 그러나 자아와 존재에 대해 더 깊은 통찰을 얻기에 가장 좋은 순간은 마음챙김을 넘어 지루함의 공간에 들어갔을 때다.

마음챙김은 우리가 대상에 준 의미를 빼앗으려는 시도지만, 지루함은 대상의 무의미함 그 자체다. 어떻게 보면 지루함은 세상 만물에서 현실의 얇은 겉껍질을 걷어내는 명상의 한 종류라고 볼 수 있다. 이렇게 말할 수 있는 건,

우리가 지루할 때 의미를 채워 넣으려고 애쓰기 때문이다. 우리가 지루함을 느끼면 무의미가 수면 위로 떠오른다.

또한 마음챙김은 의도적이다. 무슨 일이든 의도를 갖고 하면 그 행동은 자동으로 목적을 갖게 된다. 명상 훈련은 우리가 무無와 깨우침을 경험하도록 돕는다. 그러나 우리가 의도를 갖고 있으면 그 공간은 우리가 내린 정의와 관념으로 채워진다. 마음챙김을 하는 동안 의도적으로 깨우침이나 평안을 찾으려고 하면, 끝나고 나서는 찾았다고 자위한다. 마음챙김을 하면, 우리는 존재를 향해 그것의 본질이 무엇인지 말한다. 정의를 내리고, 의미를 부여한다. 그러나 지루함은 의도가 배제된다. 지루함의 한계를 우리가 정의하는 게 아니다. 우리가 지루함을 향해 말을 걸 수도 없다. 지루함은 그저 밀려오는 것이다. 존재의 헐벗음이 우리의 마음과 영혼에 불쑥 들어온다. 그러기에 우리는 불편해진다.

대부분의 경우, 마음챙김 훈련은 무언가를 위해 하지만, 지루함은 그저 지루함일 뿐이다. 마음챙김은 의도적으로 무를 찾아 나서는 것이지만, 지루함은 내 안에서 드러나는 무다. 안타깝게도 무를 찾고자 하면 영원히 찾을 수 없다. 무가 우리를 찾아오는 것이지, 우리가 헤맨다고 찾아지지 않는다. 지루한 순간을 허락하는 것은 무를 경험하기 위해 필수적이다.

지루함 VS 정적·침묵·고요

내면의 정적, 침묵, 고요. 이 개념들은 마음챙김 훈련을 통해 얻고자 하는 이상적인 상태를 표현하는 대중적인 용어가 됐다. 하지만 거기에만 머물기에는 위험한 구석이 있다.

앞서 언급한 것처럼, 마음챙김이라는 형태의 명상을 할 때는 우리 안에 약간의 의미가 남아 있다. 의도한 마음 상태이기 때문이다. 우리는 마음챙김을 할 때, 더 큰 마음의 평정심을 구하는 방법 혹은 부정적인 감정을 다스리는 법을 우주에서 구하고자 하는데, 그 해답은 마음챙김 훈련을 시작할 때 이미 우리가 품고 있던 의미와 미리 갖고 있던 개념preconception에서 나온다. 반면 지루함은 의도적으로 만들어낼 수 없다. 마음챙김을 하면서 해답을 얻고(혹은 얻지 못하고), 따분해서 가만히 있지 못하고 안달이 나기 시작하고, 다른 것을 하고 싶어 몸이 뒤틀릴 때를 지루하다고 한다. 무無가 모습을 드러낼 때 가슴 깊은 곳에서 느껴지는 불편함이 지루함이다. 단지 정적과 침묵을 통해 얻는 해답만이 진리라고 믿으면, 지루함의 공허에서 오는 귀중한 가르침을 얻지도 못한 채 만족스러워 하며 마음챙김을 중단할 것이다. 정적과 침묵이 지겨워질 때, 가장 귀중한 시간이 찾아온다.

진정한 의미는 내가 만든다

노벨상을 수상한 작가 요세프 브로드스키Joseph Brodsky는 지루함에 우리 자신을 빠뜨려 가장 깊은 바닥까지 내려가야 한다고 말한다. 그래야만 인생에서 가장 귀중한 가르침을 얻을 수 있기 때문이다. 하지만 그렇게 하는 목적은 지루함이라는 심연에 계속 머물기 위해서가 아니다. 존재의 광활한 가능성을 포착하면 그곳을 떠나도 좋다. 런던대학교 출신의 철학자 크리스천 질리언은 지루함이 만족스러운 인생을 사는 도구라고 말한다. 하지만 이 책에 나온 이야기를 읽는 것만으로는 지루함이 주는 가르침을 완벽하게 이해할 수 없다. 내면 깊은 곳에서 느껴야만 한다. 사랑이 무엇인지 말로는 완벽하게 설명할 수 없듯, 지루함의 심오한 가르침을 속속들이 드러낼 수는 없다. 그래도 시도는 해보려고 한다.

지루함은 존재의 한계를 폭로하고, 완벽한 존재를 찾아

헤매는 일을 그만두라고 말한다. 실제로 우리는 완벽한 존재를 찾으려다 정말 잘살 수 있는 길에서 이탈한다. 인생에 대한 '완벽한' 해답 찾기를 무한정 시도하는 건 인생의 모든 가능성이 우리 앞에 모습을 드러낼 기회를 놓치는 일이다. 역설적으로 인간 존재에는 한계가 있고, 우주를 아우르는 의미는 없으며, 완벽한 형태의 존재도 없다는 것을 깨달으면, 거의 무한대에 가까운 가능성이 열린다.

일단 지루함이 당신에게 거세게 밀려오면, 그때부터는 자유 그 자체를 제외한 모든 것에서 온전히 자유롭다는 걸 알게 된다! 내가 아니면 의미 자체가 존재하지 않기에, 인생 모든 것에 의미를 부여할 사람은 나뿐이라는 사실을 깨닫게 되는 것이다. 지루함은 세상 만물이 우리의 의미 부여를 기다리고 있다는 것을 일깨운다. 지루함을 통해 우리는 곧이곧대로 믿던 의미가 철저히 타인에 의해 독단적으로 부여됐다는 진실을 꿰뚫어 본다. 퓰리처상 수상자인 어니스트 베커Ernest Becker는 종교의 세상이 그렇듯 우리의 문화 역시 '의미 찾기'를 요구하는 구조와 도그마를 드러낸다고 말한다. 그는 "사회는 예나 지금이나 세속적 영웅주의를 추구할 수 있도록 고안된 상징적 행동 시스템이었고, 지위 및 역할의 체계였으며, 행동 관습과 규칙이었다"라고 했다. 여기서 세속적 영웅주의를 의미로 치환해 보면 어떨까. 지루함은 이런 체계가 갖는 자의적 본성을 우리에게 폭로한다.

지루함은 우리를 비우고 다시 채운다

지루함은 우리의 정체성과 자아를 녹여 새로운 나를 창조한다. 하이데거는 정체성에 매달려 있던 끈을 놓아 버릴 완벽한 공간이 바로 지루함이라고 말한다. 지루함에 아주 깊게 빠져들면, 내 정체성이 나 또는 내가 속한 문화가 자의적으로 부여한 의미로 이뤄졌다는 것을 깨닫는다. 여러분은 스스로를 엄마, 아빠, 변호사, 교사 또는 영적 지도자로 자리매김 할 것이다. 하지만 무인도에 홀로 표류하는 마지막 지구인이 되면, 이러한 정체성 역시 사라진다. 그런 타이틀을 만들어낸 모든 관계와 비교가 사라지기 때문이다. 지루함은 정체성이 유동적인 개념이고, 당신이 특정한 방식의 존재로 고정되어 있지 않다는 진리를 깨닫게 한다.

앞서 언급했던 장 폴 사르트르 작품 속의 아니는 앞으로 그 어떤 것도 의미가 없을 것이라 확신했다. 아니는 철저히 지루했다. 아마도 인생이 거의 끝났다는 기분으로 살았던 것 같다. 니체가 지루함을 일컬어 '삶 속의 죽음 death within life'이라고 했던 이유다. 흥미롭게도 이런 수준의 지루함에 몸을 맡기고 심연으로 가라앉으면, 깊은 지루함 속에서 마음이 불편했던 이유가 오로지 존재에 대한 시각이 너무 편협했던 탓이라는 사실을 깨닫게 된다. 아니는 지루할 때마다 과거의 기억으로 도피했다. 아니가 지루함 속으로 더 깊이 빠져들도록 자신에게 허락했다면, 본인만이 가진 광활한 가능성을 목격했을지도 모른다.

삶에 지루함을 허락하는 방법

옛날에는 우리의 시간 속에 지루함이 끼어들 여지가 훨씬 많았다. 하루 일상이 끝나면, 혼자건 여럿이건 지루함을 느낄 순간도 더 많이 찾아왔다. 오늘날은 잠들기 전까지 1분 1초도 쉬지 않고 쉽게 시선을 돌릴 것들이 넘쳐난다. 그런 까닭에 지루한 순간이 우리 생에 끼어들도록 하려면, 의식적인 노력이 필요하다.

모든 감정이 그렇지만, 지루한 감정을 의도적으로 만들어 낼 수는 없다. 하지만 지루함이 생겨날 가능성이 높은 환경을 조성하는 것은 가능하다. 생활 속에서 신경을 빼앗는 것들과 흥밋거리를 줄이는 것도 방법이다. 자기 전에 넷플릭스를 두 시간 동안 시청하는 대신, TV를 끄고 스마트 기기를 치우고, 한동안 침묵 속에 그냥 앉아 있어 보자. 지루함이 내 안에 스며들 수 있는 안성맞춤인 시간 이다. 그날 하루 할 일은 모두 끝냈고, 아침까지 할 일이 없으니까 말이다. 나만의 무인도를 만들어도 좋고, 우주 를 떠다니는 우주 비행사가 되어도 좋다. 하루의 목표는 모두 달성됐고, 내일 아침까지 우리가 마음을 다해 개입 해야 할 일이 하나도 없는 상태다. 아무리 짧은 지루함의 순간일지라도, 심오한 무의미와 무無의 씨앗이 모습을 드 러내기 시작한다.

제5장

지루함으로 향하다

"지루함을 통할 때만이 우리는 만족, 세상을 향한 열림,
경이thauma, 驚異의 인식에 이를 수 있는 진정한 준비가 가능하다."
–크리스천 질리언 Christian Gillian

지루함은 시간 속에 있는 강력한 공간이다. 여기에서 존재의 본질이 그 모습을 드러낸다. 무無와 공空의 존재도 그 공간 안에서 존재를 내보인다. 지루함이 찾아왔을 때, 스쳐 지나가게 두거나, 다른 것에 신경을 빼앗겨서는 안 된다. 대신 우리는 지루함의 힘을 이용하는 법을 배울 수 있다.

주의 분산과 불가피한 일의 차이점

온종일 하는 행동을 놓고 이것이 정말 필요한 일인지, 아니면 지루함을 피하기 위해 주의를 돌리려는 일인지 구

분하기란 어려울 수 있다. 토요일 밤, 집에 혼자 있다. 이미 저녁을 먹었는데도 뭔가 다른 걸 먹고 싶은 욕구가 느껴진다면, 지루함을 채우기 위해 먹는 것이다. '찾을 게 좀 있어서' 여가 시간 중 두 시간을 인터넷 검색에 썼다면, 그것은 의도적으로 주의를 돌리는 행동일 가능성이 높다.

여기서 문제는 우리가 항상 무언가를 하고 있다는 점이다. 그래서 오늘날의 세계가 '주의 분산의 시대'로 불리곤 한다. 두 시간 정도 여유가 생겼다. 아무래도 청소를 하는 게 낫겠지? 아니면 직장에서 맡은 프로젝트를 먼저 시작해 놓을까? 이런 게 효율적이고 생산적인 행동이잖아?

주의 분산 행동과 불가피한 일을 구분하는 첫 단계는 자신이 지루해지는 시점을 파악하는 것이다. 대부분의 사람들에게 지루한 시간은 저녁이나 주말에 찾아온다. 나의 경우, 주로 침대에 눕기 한두 시간 전에 지루함을 피하려 딴짓을 한다. 이런 파악만으로도 지루함의 공간을 창출하기 위한 전투의 한 고비를 넘는다.

두 번째 단계에서는, 그런 시간과 조우하면 보통 어떤 식으로 지루함의 공간을 채우는지 적어 본다. 위에서 말한 행동 중 한 가지를 하고 있다는 것을 알아냈다면, 이제부터는 멈추고 자신에게 묻는다. '이게 꼭 필요한 일인가?

아니면 그저 지루함을 회피하는 것인가?'

덧붙여 어떤 일이 됐건, '미리 앞당겨 하고 싶은' 충동을 이겨내는 게 중요하다. 우습게도 우리는 생산적이고 효율적인 사람이어서 시간을 절약했다고 생각하지만, 또 여유 시간이 생기자마자 다른 일을 해서 그 틈을 채운다. 여유 시간은 영원히 오지 않을 것 같다. 이런 패턴을 보면, '미리 해둔다'는 게 근본적으로 지루함의 공간을 피할 때 쓰는 핑계라는 사실이 드러난다.

어떤 일이 불가피한 일인지 단정하기란 정말 힘들다. 개인차가 있기 때문이다. 나는 그 일을 하지 않았을 때 어떤 결과가 생길지 자문하는 것을 좋아한다. 그렇게 해서 지금 하려는 일의 중요성을 감별한다. 그런데 혹시 모든 일이 중요하게 느껴진다면? 일종의 위험 신호일지도 모른다. 이런 느낌은 보통 당장 급하게 서두를 이유가 없는 상황에서도, 쫓기는 기분이나 불안감이 드는 증상을 동반한다.

잠시도 쉬지 못하고 계속 할 일을 찾으려는 습관도 주의 대상이다. 나도 관심을 확 끌 만한 대상을 찾으려고 집안을 헤매고 다녔지만 허사였던 적이 여러 번 있었다. 그건 잠재의식의 발로였다. 부엌 찬장을 열 번쯤 열어 보고, 페이스북을 10분 동안 뒤적거린 끝에야 내가 지독하게 지루하고, 그 지루함을 피하기 위해 어떤 대가라도 치르려 한다는 것을 깨달았다.

쉬고 있나? 주의를 분산시키는 것인가?

퇴근 후, 와인 한 잔 따라 놓고 소셜 미디어를 뒤적거리며 지내는 시간은 분명히 필요하다. 우리 생활 속에서 오락이 반드시 필요하다는 것은 의심할 필요조차 없다. 하지만 그 '오락거리'를 지루함을 피하는 수단으로 쓴다면, 그 수단에 의존할 수도 있다는 것도 알아두어야 한다. 스트레스나 불안감 같은 부정적인 감정에서 벗어나려면 대략 30분 정도의 시간이면 충분하다. 따라서 틈만 나면 스마트 기기를 한도 끝도 없이 붙잡고 있는 자신을 발견하면, 진짜 목적이 무엇인지 자문해야 한다.

지루함을 허용하는 전략

특정 활동이 꼭 필요한 일인지, 신경을 다른 곳으로 돌리기 위한 행동인지 인식하고 나면, 우리 삶 안에 지루함의 공간을 의식적으로 생성할 수 있다. 가장 효과적인 방법은 침대에 들기 직전 한두 시간 동안 아무것도 하지 않고 보내는 것이다. 하지만 각자에게 적절한 때를 골라 언제든 지루함의 공간을 만들어도 좋다.

지루함을 곁에 두려면 시간 계획이 중요하다. 바쁜 사람에겐 특히 더 그렇다. 하루 일정 중에 빈 공간을 만들어 놓으면, 그 시간에 딴짓을 할 가능성이 줄어든다. 나는 일주일 중 하루나 이틀을 골라 잠들기 전 몇 시간 동안 지루함을 느끼는 걸 좋아하지만, 개인 취향에 따라 기상 직후를 택해도 무방하다.

아무리 바쁜 사람이라도 약간의 지루함을 허용할 틈은 찾아낼 수 있다. 치과 대기실에 앉아 있을 때, 줄 서서 기다릴 때, 전화기를 꺼내 들지 말고 몇 분이나마 지루함이 밀려오도록 하면 된다. 집에서 가장 심심한 방을 골라 앉아 있어도 좋다.

또한 지루함이 찾아올 때 잘 붙잡는 것도 중요하다. 때로는 시간을 비워 놓고 기다려도 지루함이 찾아오지 않을 수 있다. 지루함도 결국은 감정이기 때문이다. 한 가지 중요한 힌트는 초조함으로 불편할 때가 지루함을 만날 적기라는 점이다. 무엇이라도 해야 할 것 같은 느낌이 짜르르 느껴지자마자, 곧장 하던 일을 멈추고 아무것도 하지 않도록 한다. 불편하다 못해 두려울 수도 있다. 하지만 알찬 결실을 얻을 수 있을 것이다.

지루함은 유동적이고 손에 잡히지 않는다

지루함은 우리가 공간을 비워 놓을 때마다 찾아오지 않는다. 어떤 때는 또렷하고, 어느 시기에는 흐릿하다. 우린 인내심을 가져야 한다. 우주의 비밀을 곧장 넘겨줄 거라고 기대해서는 안 된다. 물론 단박에 넘겨줄 수도 있지만 말이다. 처음에는 초조함이 강렬하게 느껴지다가 곧 외로움으로 바뀌고, 잠시 후 인생에 대한 심오한 통찰에 한 대 얻어맞는 게 유력한 시나리오다. 지루함은 존재의 본질을 폭로하지만, 그것을 알기 위해서는 한동안 지루함 속에 머물러 있어야만 한다.

마음챙김의 형식과 달리, 지루함을 느낄 때는 신체, 정신, 또는 호흡에 초점을 맞추지 않으려고 노력해야 한다. 대신 떠오르는 온갖 생각과 감정이 자유롭게 날개를 펴도록 허락하고 지켜봐야 한다. 그 모든 것들이 당신에게 달려들도록 내버려 두어라. 모든 생각, 공포, 감정이 그 공간 안에 들어온다는 것을 기억하라. 아마도 지루함은 냉온을 오갈 것이다. 그러면서 오래 전에 겪었어야 할 카타르시스가 밀려온다. 모든 감정 작용이 그러하듯, 지루함을 느낄 때도 스스로 안전하다고 생각하는 수준까지만 허용해야 한다. 강렬한 감정이 올 것에 대비하며 파도타기를 즐기면 된다.

지루함은 고요한 곳에서 혼자 경험하는 게 가장 좋지만, 주변 환경이 언제나 협조적인 건 아니다. 주변 상황이 지나치게 호기심을 끌거나 주의를 흩트리지만 않는다면 지루함이 찾아올 것이다. 지루해지기 위해 특별히 어떻게 앉으라거나 어떤 자세를 취해야 한다고 정해진 건 없다. 편안한 상태가 좋고, 지나치게 돌아다니는 건 피하도록 한다. 나는 눈을 뜨고 창밖을 응시하는 걸 좋아한다. 보통은 눈을 감지 않지만, 사람에 따라 감는 편이 더 효과적일 수도 있다.

지루함에 대한 내성 키우기

우리는 정신 팔릴 게 너무나 많은 시대에 산다. 따라서 지루함을 통해 경이로운 인생을 창조하기에 앞서 의식적으로 지루함에 대한 내성을 키워야 한다. 주기적으로 술을 마시면 알코올에 대한 내성이 올라가, 시간이 흐를수록 더 많이 마셔야 처음 같은 신체적, 심리적 효과를 얻을 수 있다. 커피도 마찬가지다. 생애 처음 마신 커피 한 잔은 두근두근 활기를 주지만, 몇 주 동안 커피를 꾸준히 마시면 걸쭉하게 세 잔을 들이켜도 도무지 기별이 오지 않는다.

주의 분산에도 이런 '강화 효과'가 있다. 지루함과 참된 삶에서 벗어나 주의를 딴 곳으로 계속 돌리다 보면, 점점 더 강한 자극이 있어야 지루함의 공간 안에 있는 그 무언가를 직시하지 않을 수 있다. 우리 대부분은 주의 분산 요소와 흥분에 대한 강한 내성을 갖고 있어서, 현상을 유지하려면 강도를 더 높여야 한다. 그러나 이 모든 주의 분산 요소는 역으로 지루함에 대한 내성을 위협할 정도로 약화시켰다. 지루함과 주의 분산은 직접적인 반비례 관계에 있다. 따라서 지루함에 대한 내성을 키우려면 주의를 흩트리는 것들을 줄일 필요가 있다. 생활 안에서 의도적으로 지루함의 공간을 늘리는 것만이 내성을 키우는 유일한 방법이다.

적정 수준의 지루함

삶에 지루함을 허락하기 시작하면 불편한 감정이 든다. 감내할 수 있는 불편의 정도는 사람에 따라 판이하게 다른데, 과거에 얼마나 많이 지루한 순간을 밀어냈는지에 좌우된다. 삶에 지루함을 허용하려면, 우선 비교적 짧은 시간 동안 지루함에 빠진 후 자신이 어떻게 달라지는지 확인하는 게 좋다. 앞서 말했지만, 지루함은 심리적인 스

트레스를 유발할 수 있으니 불편함을 받아들이고 견뎌
낼 때는 세심하게 접근해야 한다. 지루함을 다루는 데에
는 올바른 방법도, 잘못된 방법도 없다. 믿음이 가는 친구,
파트너 또는 상담가가 있다면, 지루함의 공간에 들어가서
느꼈던 감정을 솔직히 털어놓는 시간을 갖는 것도 유익하
다. 지루함을 잘 참을수록 더 많은 것이 드러나고, 그 안
에 더 오래 머물 수 있다. 당신이 지루함과의 관계를 바꿔
보려고 노력 중이란 것을 아는 사람에게 정서적 응원을
받는 것을 강력히 추천한다

지루함으로 향하다

삶에서 지루함의 공간을 더 오래 허용할 수 있게 되면, 그
공간에서 피어오르는, 예전과 다른 감정과 느낌을 감지하
기 시작할 것이다. 지루함은 삶, 관계, 개인적 신념에 대해
다른 사실들을 말한다.

　하이데거는 우리가 경험하는 기분이 우리 신체 내부에
고정되어 있지 않고, 우리를 둘러싼 세상을 지각perception
하는 데 영향을 끼친다고 말한다. 그런 기분들은 우리가
세상의 특정한 면모에 주파수를 맞추게 한다. 사람이 화
가 나면 언제나 모든 사람과 사물에서 짜증나는 구석이

보인다. 한밤중에 공포를 느끼면 모든 잡음과 낯선 물체가 위험하게 느껴진다. 지루할 때도 비슷하다. 지루해지면 우리 인생 속 몇 가지 것들에 내재된 무의미함이 드러난다. 하이데거의 기분attunement이란 개념이 색안경을 끼고 세상을 다르게 보는 것이라면, 지루함을 경험하는 것은 평생을 쓰고 살았던 색안경을 벗어버리는 일이다. 그래서 지루함에 주파수를 맞추면 인생의 다른 면모들을 가장 순수한 시각으로 바라보게 된다. 여기서 '순수'는 가족, 문화 또는 사회가 의미를 부여하기 이전부터 대상이 갖고 있던 진정한 의미를 볼 수 있다는 뜻이다. 사회적 지위를 예로 들어보자. 우리는 오랜 시간에 걸쳐 이 세상이 알려준 대로 사회적 지위를 중요하게 여긴다. 지루함으로 향하면 우리가 사회적 지위를 향상시키기 위해 오랜 시간 노력해 왔음에도 불구하고, 사실은 지위 고하가 어떻게 되든 상관이 없다는 속내가 마음속 깊은 곳에서부터 올라올 것이다.

라르스 스벤젠은 지루함이 우리 안에 내재한 자의적인 의미 체계를 어떻게 드러내는지를 아름다운 은유로 묘사한다. 그는 "우리가 지루함을 받아들이는 법을 배우기 전까지 세상을 완성된 한 장의 그림으로 본다"라고 말한다.

하지만 깊은 지루함 속으로 들어가고 나면, 전체로서의 그림은 사라진다. 이제 우리에게 보이는 건 그 자체로는 아무 의미도 전달하지 않고 오로지 그림의 일부일 뿐인 낱낱의 물감 방울들이다. 하지만 그 그림을 우리 삶으로 여긴다면, 이제부터 우리는 그림 위의 물감 방울들을 모두 걷어낸 뒤 다시 배치해 나만의 의미를 창조할 수 있다. 이것이 지루함의 힘이다.

우리 삶의 개인적 의미들이 재평가되어야 한다는 생각은 지루하면 지루할수록 더욱 또렷해진다. 지루함의 공간에 들어가면, 문제 있는 세계관과 부정적인 개인 신념을 발견할 수 있다. 지루함은 이런 식으로 우리를 더욱 깊은 무의식의 파장에 맞춘다. 그러니 다가오는 느낌과 생각들에 대해 잣대를 들이밀지 않는 것이 중요하다. 그렇게 하자마자 우리가 그것들에 저항하려고 할 것이기 때문이다. 지루함이 알아서 하도록 기다려 보자.

지루함 안의 메시지

지루함의 공간 안에서 우리가 깨닫는 메시지에는 여러 종류가 있다. 우선 내 인생 속에 자리 잡고 있는, 근거 없이 자의적으로 생겨나는 사고를 감지하거나 느낄 수 있게 된다. 어쩌면 그것을 통해 매일 옷을 갈아입는 행위가 무의미하다고 생각할 수도 있다. 실제로 틀린 말이 아닐 것이다. 외계인이 지구에 온다면 매일 옷을 갈아입을까? 그런 행동은 지구의 의미 체계 맥락 안에서만 중요성을 갖는다.

우리는 지루한 시간을 보내면서 자신에 관한 부정적인 신념을 더욱 확실히 인식할 수도 있다. 우리에겐 제대로 살펴본 적은 없지만, 마음 깊이 받아들이고 있었던 신념들이 있다. 그런 신념들과 나를 완전히 분리하는 것은 영원히 불가능할지라도, 그것을 탐구하고 우리에게 어떤 식으로 영향을 주는지 인지하는 것이 반드시 필요하다.

메시지 해체하기

지루함의 공간에서 인지한 의미들은 '해체deconstruct'가 가능하다. 이 용어는 프랑스의 철학자 자크 데리다Jacques Derrida가 만들어 낸 개념이다. 주어진 텍스트나 메시지 밑에 깔린 가정들을 찾아내는 과정인데, 우리의 경우에는 지루함의 공간에서 마주하는 부정적인 메시지의 기저에 어떤 가정이 깔려 있는지 이해하면 된다. 가령 우리 중에는 지루함을 느끼면 누군가에게 당장 전화를 걸고 싶은 욕구를 느끼는 사람이 있다. 이런 경우 지루함의 공간 안에서 떠오른 감정은 외로움일 것이다. 아마 이 감정은 의식적으로는 인지하지 못했을 것이다. 이는 지루함의 공간 안에 남아 있어야만 인지할 수 있는 감정이다. 욕구가 생기자마자 전화기를 집어 들어 집중을 깼다면 몰랐을 것이다.

지루함 안에 더 오래 머무를수록 우리가 무의식적으로 받아들이고 있던 의미나 신념이 있었다는 것을 확인하고 해체할 수 있다. 의미를 해체하는 데 도움이 되는 몇 가지 질문의 예를 들어보기로 하자.

✓ 무엇이 나의 부정적인 감정을 제거할 수 있을까?

→ 내 외로움을 치유하려면 누군가와 대화해야 한다

✓ 이런 감정을 유발한 신념은 무엇인가?

→ 나는 외향적이지 않다/나는 비호감이다/나는 부족하다

✓ 이런 신념을 만들어 낸 사회적 이상은 무엇인가?

→ 많은 사람들에게 호감을 얻는 게 중요하다

친구가 많고 사교적인 사람이 호감을 얻는다

주변에 사람이 많으면 행복해진다

활동적이거나 외향적인 성격이 더 호감을 준다

✓ 위의 이상이 틀렸다는 것을 입증할 예외 또는 사례를 떠올려 보자

→ 모두가 좋아하는 사람은 없다

발이 넓다고 해서 반드시 의미 있는 관계를 맺는 것은 아니다

인기인 중 불행한 사람이 많다

세상에는 친절하고 고귀하고 지적인 동시에 내성적인 사람이 많다

토끼 굴로 들어가기

지루함을 통해서 자신과 의미를 조율하는 것attune은 반복될수록 깊이를 얻는 여정이다. 자신과 개인적 신념에 대한 통찰과 자각이 거듭되면 더 깊은 통찰이 드러난다. 지루함의 지평은 나날이 넓어지고, 우리는 존재 속으로 더 깊숙이 빠져 들어간다.

지금부터 우리 자신에게 물어보자. 왜 인생에서 전혀 의미가 없는 지각과 신념을 실현하고자 하는가. 우리 삶에 의미나 목표가 없어서가 아니다. 오히려 우리에게는 삶을 원하는 방향으로 전환하고 변화시킬 힘이 있다. 이 의미에서 저 의미로 옮겨가며 변화하고 성장하는 게 진짜 인생이다. 10년 전 당신에게 중요했던 것이 이제는 별로 중요하지 않을 수 있다. 지루함은 자신을 포함하여 삶의 모든 것에 의미를 부여하는 자유를 깨닫는 데 도움을 준

다. 우리가 나고 자란 의미 체계의 쇠사슬을 끊어주는 것이 바로 지루함이다.

제6장

일상 속 지루함의 중요성

"그런 때가 있었다. 그 자체만으로도 영광스러웠을 때가.
거의 존재하지 않는 듯, 완전한 무일 때,
바로 그때 지루함은 생명의 물질과도 같다."
−헨리 밀러 Henry Miller

우리 모두 의미 있고 충만한 삶을 살고자 하지만, 주의를
돌리는 모든 것들과 지루함을 밀어내는 마음 때문에 그러
한 삶이 무엇인지 진정으로 모색할 기회를 영원히 얻지
못한다. 지루함은 인생을 예술 작품으로 만들 수 있는 시
간과 공간을 제공한다. 지루함은 우리가 진심으로 원하는
인생을 창조하도록 도와줄 수 있는 다면적인 공간이다.
이 장에서는 지루함의 도움을 받아 중요한 목표를 끝내
달성하고, 의미 있고 만족스러운 나만의 맞춤 인생을 살
아가는 다양한 방법을 찾아보려고 한다.

지루함은 우리의 한계를 무너뜨린다

충만한 삶을 영위하려면 의미 체계 안에 살아야 한다. 하지만 우리에게 잘 맞는 의미 체계를 창조하기 전에, 불만족스러운 삶의 기저에 깔린 의미 체계를 파괴하는 게 선행되어야 한다. 가령 자세히 고찰해 본 적은 없는, 우리가 '성공'이라고 믿는 특정한 신념 때문에 인생에 불만이 생겨난다면, 더 의미 있는 인생을 만들어 내려 한 발자국 더 내딛기 전에 정말 나를 위한 성공이 무엇인지 재정의할 필요가 있다. 지루함을 받아들이면, 최고의 인생을 향유하지 못하도록 발목을 잡는 편협하고 제한적인 세계관과 개인적 신념을 무너뜨리기가 수월해진다.

지루함은 인생을 창조하기 위한 무한의 공간

우리 중에는 궁극적이고 보편적인, 또는 '완벽한' 행복과 만족의 상태가 있다고 믿는 사람이 있다. 올바른 영적 경로를 찾기만 하면, 또는 상상하는 액수의 돈을 벌면, 행복이 영원히 지속되는 경험을 할 수 있으리라 믿는다.

일단 이 이야기는 개념상 성립할 수 없다. 고통과 아픔을 경험하지 않고는 행복이 어떤 느낌인지 알 수 없기 때문이다. 비교할 대상이 없기 때문에 어디엔가 존재할 것만 같은 '그것'이다. 지루함은 우리가 그런 함정에 빠지지 않도록 한다. 우리 마음속에 있는 유토피아와 삶의 현실 사이에는 언제나 틈새가 있다고 일깨워 주는 것이 바로 지루함이다. 지루함은 모든 게 지루하고 의미 없는 때가 있을 수 있다는 것을 깨닫도록 돕는다. 그 무엇도 우리가 꾸준히 행복한 마음으로 살도록 지켜 주지 않는다.

이 사실을 깨우칠 때, 우리의 행복은 절대 지루함을 느끼지 않게 해줄 완벽한 무언가를 찾는 것에 더 이상 좌우되지 않는다. 대신에 우리가 소망하는 것을 하면서 지루함의 공간을 채울 자유가 있다는 걸 깨닫게 되고, 결과적으로는 불현듯 다가온 무한한 공간에서 원하는 인생을 창조해 나가게 된다.

지루함을 이용해 나만의 이야기를 만든다

지루할 때면 인생의 모든 게 다 어그러진 것처럼 느껴진다. 내 인생이지만 타자가 되어 바깥에서 들여다보는 기분이다. 많은 이들이 가족, 문화, 사회가 말하는 이야기를 따라 살아간다. 이렇게 살아야 영원한 의미와 만족을 찾을 수 있다는 신념으로 말이다. 지루함은 그런 이야기가 단지 이야기일 뿐이란 것을 깨닫게 한다. 지루할 때는 그 이야기들이 이해가 되지 않는다. 왜 의미가 사라졌는지 이해할 수도 없다. 모든 규칙을 따르며 살았는데 여전히 지루하다니, 뭐가 뭔지 알 수가 없다. 이것 역시 우리가 지루함을 피하려는 한 가지 이유다. 이는 어떤 것도 끝없는 행복을 주지 못한다고 일깨워 주는 궁극의 신호다. 그러나 이때 지루함은 당신에게 속삭인다. '이봐요! 아직도 모르겠어요? 당신만의 이야기를 써야죠. 행복한 결말이 무엇인지 아는 사람은 당신 밖에 없다고요.'

영화 '스트레인저 댄 픽션Stranger Than Fiction'에 등장하는 해롤드 크릭월 패럴(Will Ferrel) 분은 자신과 관객에게만 들리도록 말을 하는 여자 내레이터에게 인생을 지배당한다. 여자는 그의 일거수일투족을 통제한다. 인생을 어떻게 살라고 말하는, 잠재의식 속 목소리 같은 존재다. 결국 해롤드는 내레이터가 이끄는 가짜 인생이 자신과 맞지 않는다는 것을 깨닫고, 너무 늦기 전에 줄거리를 바꿔 보려고 애를 쓴다. 지루함은 지금껏 내 인생을 위해 쓰진 이야기의 실체를 직시하게 할 뿐 아니라, 그 인식을 통해 새로운 이야기를 창조할 출발점을 마련해 준다.

롤로 메이Rollo May, 대표작《자아를 잃어버린 현대인》는 "이 세상은 의미 있는 관계가 날실과 씨실로 얽혀 있는 하나의 문양이다. 그 관계에 우리가 존재하고 참여하고 있다"라고 이야기한다. 지루함은 당신이 세상 현실이라는 고삐에 끌려가지 않고, 상상을 펼치고 정신적 방랑을 하도록 공간을 마련한다. 당신이 이 상태를 받아들일 때, 지루함의 공간은 당신 인생에서 의미 있는 비전을 창출하도록 돕는다. 지루함의 공간을 인생 안에 더 많이 허용할수록, 더 깊은 개인적인 통찰이 그 공간 안에 들어온다.

지루함의 공간 채우기

지루함이 우리의 편협한 세계관을 와르르 무너뜨릴 기회를 주면, 우리 삶을 다시 창조하거나 채워 넣는 과정을 시작할 수 있다. 자신만의 방식으로 말이다. 그 전까지 지루함의 공간에는 내 눈으로 세밀하게 관찰한 적 없는 상념, 발상, 활동이 들어 있었다. 이제 이를 깨달은 우리는 인생에 지루함을 의도적으로 채워 넣을 힘을 얻었고, 의미 있고 충만한 삶을 살 수 있게 됐다.

인생을 어떻게 채워야 한다는 규칙은 존재하지 않는다. 다만 지루함을 마주했을 때 자신이 보였던 반응을 자각하는 행위는 길잡이가 된다. 여기서 분명히 짚어 둘 게 있다. 술을 몇 잔 마시고, 열대 지방으로 여행을 떠나고, 넷플릭스에서 시리즈 하나를 탐닉하는 게 절대 잘못된 일이 아니다. 무엇이 옳고 그른지 정의하는 게 이 책의 의도가 아니다. 지루함의 공간을 무엇으로 채우는 게 '올바른'지도 말하지 않는다. 다만 자신이 선택한 행동에 어떤 개인적 이유가 있는지 알아야 하고, 지루함을 채우기 위해 그 순간 당신에게 최선인 활동을 의식적으로 선택하는 게 중요하다. 인생이 어떤 모습이기를 바라는지 깊이 생각한 후에는, 언제든 필요가 느껴지면 지루함의 공간을 이용해 자신의 미래상을 고찰하고 수정해야 한다.

지루함은 즐거움을 더한다

인생을 만들어 갈 때, 알고 있어야 할 세 가지 존재 유형이 있다. 우리는 하루의 대부분을 두 가지 존재 유형, 즉 창조 유형creative mode과 소비 유형consumptive mode으로 보낸다. 창조 유형은 업무, 학업, 청소 또는 기타 필수적인 일을 할 때다. 소비 유형은 식사, TV 보기, 와인 마시기, 독서 등을 할 때다. 창조 유형, 소비 유형 모두, 인간이 수천 년 동안 생존 가능했던 이유인 동물적 욕구에 기반을 두고 있다. 하지만 이 두 가지 존재 유형은 무척이나 중요한 세 번째 유형, 즉 지루함에 집중하지 못하게 하는 요인이다.

살면서 지루한 시간을 갖는 건 중요하다. 지루함을 통해 창조 유형과 소비 유형을 누그러뜨릴 수 있고, 인생의 주객이 전도되는 것을 막을 수 있기 때문이다. 요즘은 온갖 활동들로 인해 인생을 빼앗기는 일이 심심치 않게 일어난다. 지루함은 귀중한 수단인 동시에, 창조나 소비만큼이나 일상생활의 일부분으로 자리매김해야 하는 인간 존재의 한 유형이다.

지루함은 다른 두 유형을 더 신나고 즐거울 수 있도록 북돋는다. 의미와 쾌락을 주는 음식, 음료, 사람, 제품, 장소 등을 더 많이 소비할수록 원래 가졌던 매력은 더 빨리 빛을 잃는다. 끊임없이 창작하고, 일하고, 새로운 무언가를 찾을 때, '번아웃burnout'이 온다. 지루함은 우리에게 잠시 쉬고, 돌아보고, 인생의 큰 그림을 다시 바라볼 시간과 공간을 안겨 준다. 창조건 소비건, 잠시 끊고 쉬어야 다시 시작했을 때 즐겁다. 신명나는 활동이 계속 이어지면 결국 만족도가 떨어지는 게 그런 이유다.

지루함은 의미를 더한다

일상 활동에서 지루함이 즐거움을 키워주듯, 인생의 의

미도 더한다. 의미 있는 것들과 잠깐 거리를 둠으로써 다시 그 진가를 알 수 있다. 한 시간 동안 아무것도 안 하고 앉아 있다 보면, 그저 가게에 걸어가는 활동만으로도 기분이 한껏 좋아진다. 나무에 달린 이파리는 전보다 더 생기 넘치는 초록빛이고, 살결을 간지럽히는 산들바람도 새삼 상쾌하게 느껴진다. 인생에 지루함의 자리를 더 자주 마련해주면, 나를 둘러싼 세상이 예전보다 생명력이 넘칠 것이다.

나는 평소 열정적으로 하던 일들에 지칠 때, 지루함의 공간으로 들어간다. 한참 지나면 열정이 되살아나고, 다시 마음을 줄 준비가 된다. 치열하게 몰입해서 하루를 보낸 후 지루함의 공간을 만드는 건, 창조 유형에서 소비 유형으로 태세를 급격히 전환하는 것을 반복하지 못하도록 나를 붙잡기 위함이다. 잠시의 지루함은 인생의 모든 영역에 더 높은 충만감을 안겨 준다. 지루함 덕분에 예전에는 '지루한 활동'으로 취급하던 일조차 호기심을 갖게 될 것이다.

지루함은 철학적 사유를 더한다

예전부터 지루함은 가장 '철학적인 기분'으로 통했다. 하이데거의 영원한 의문인 '어째서 세상에는 무가 아니라 무엇인가가 존재하는가?'라는 질문과 씨름하는 것도 지루함 덕이다. 소크라테스를 비롯한 많은 철학자들은, 존재에 대한 숙고가 인생의 만족과 의미를 얻는 데 필수라고 말했다. 지루함은 우리 인생의 역설을 수면 위로 끌어올리고, 인생의 더 깊은 곳을 탐구하라고 등을 민다.

우리가 지루할 틈을 가질 때마다, 인생과 세상, 존재를 통찰할 기회를 얻는다. 인생에 지루함을 더 많이 허락하면, 이러한 통찰들은 상호작용과 혼합을 반복해 더욱 새롭고 심오한 통찰을 내놓는다. 지루함은 위대한 인생을 창조하는 데 밑거름이 될, 개인적이고 철학적인 발견이 끝없이 소용돌이치는 곳이다.

지루함은 영혼의 훈련

지루함은 우주의 순수한 경이와 신비가 우리 앞에 모습을 드러내는 공간이자 시간이다. 또한, 우리가 미지의 우주에 내던져진 존재라는, 부인할 수 없는 진실과 조우하는 시공이다. 인간의 존재를 우주적인 관점에서 살펴보는 건 중요한 일이다. 살면서 겪는 사건들을 한 발 떨어져 보게 해주고, 일상의 스트레스를 풀어 주기 때문이다.

아서 쾨슬러Arthur Koestler는 저서 《야누스Janus》에서 당장 죽을지 말지 모르는 채 독방에 갇혀서 보냈던 혼자만의 시간을 이야기한다. 그는 그 순간이 "현실보다 더 높은 차원이 있다는 직접적인 확신을 불어넣어 주었고, 그 자체만으로 존재가 의미를 얻었다"라고 했다. 목숨을 부지하려고 애쓰면서도, 어디에도 마음 둘 곳 없었던 장기간의 독방 생활 속에서 쾨슬러는 어딘가 더 차원 높은 세계에서 오는 정신적 통찰을 얻었다.

지루함은 인간의 자아ego가 세워 놓은 경계를 희미하게 한다. 지루함에 깊이 빠져든 사람은 정체성이 자유로이 변한다는 것을 더욱 강하게 느낀다. 나의 정체성은 공고한 의미 체계 안에서나 의미가 있는 것이고, 그 체계가 무너지면 내가 세운 벽들도 같이 사라진다.

요즘 많은 사람들이 자연과 동화되고 싶어 하는데, 지루함은 자연의 속도와 리듬으로 돌아갈 수 있도록 한다. 우리는 숲을 거닐고, 야외에서 명상을 하고, 심지어는 외딴 곳에 오두막을 짓기도 한다. 자연에서 우리가 치유를 받을 수 있는 이유는, 맑은 공기와 마음이 편안해지는 소리뿐만 아니라, 우리의 마음이 자연의 속도로 돌아갔기 때문이다. 그러므로 꼭 어디론가 떠나야만 이런 혜택을 누릴 수 있다고 생각하지 말자. 지루함의 공간 안에 들어가서 자신에게 자연의 리듬을 선사해 보자. 나무는 수천 년에 걸쳐 자라나고, 구름은 느릿느릿 하늘을 떠다닌다. 강은 천 년이 넘도록 움직여 왔고, 때로는 빠른 속도로 방향을 틀었다. 지루함은 시간이 거의 멈춘 것처럼 인생의 속도를 늦춘다. 지루함의 공간에 들어갔을 때, 우리를 둘러싼 자연계의 리듬을 가장 섬세하게 느낄 수 있다.

제7장

지루함과 창의성의 끈끈한 관계

"지루함은 우리의 최선의 모습을 끌어내고 위험과 환상, 말로 표현할 수
없는 아름다움을 열망하는 마음을 끌어낸다.
가만히 오랫동안 앉아 있으면, 지루함의 이면에서 부르는 소리가 들린다.
그것을 실행할 때, 무無에서 떠오르는 상상력과 해답을 손에 쥘 수 있다."
–낸시 H. 블레이키 Nancy H. Blakey

"신들은 지루했다. 그래서 인간을 만들었다."
–쇠렌 키르케고르

창의성은 왜 중요한가?

미국의 심리학자 롤로 메이는 훌륭한 저서《창조를 위한
용기The Courage to Create》에서 창의성과 창작 과정을 인간의
'투쟁–도피 반응fight or flight response'에 결부한다. 우리 신체
가 어떤 대상과 조우했을 때, 투쟁 또는 도피의 반응을 보
이는 이유는 대개 그 대상이 위협적이기 때문이다. 우리
가 일에 전적으로 집중하고 몰입하는 까닭은 그것이 생존
에 필수이기 때문이다. 이 과정에서 극단적인 집중과 몰
입이라는 중요한 결실을 얻는다. 이는 우리에게 깊은 의
미를 선사한다. 우리는 생존하려고 싸울 때, 생존이라는

목표에 몰입한다. 그러므로 그 안에는 언제나 의미가 있다. 롤로 메이는 창조의 과정이 이런 '투쟁-도피 반응'과 대단히 유사하다고 주장한다. 우리가 집중하고 몰입하게 해서 깊고 심오한 의미를 찾게 해주기 때문이다.

창의성은 나만의 사적인 전쟁

창의성은 새로운 무언가를 세상에 내보이려는 시도다. 숫자를 따라 칠하는 색칠 공부나 설명서대로 만드는 공작 놀이가 아니다. 롤로 메이는 창의성을 "고도의 의식을 가진 인간과 세상의 조우"라고 했다. 바꿔 말하면 창의성이란 우리의 독특한 자아를 공유해 세상 속에서 자신의 존재를 충만하게 하는 행위다. 하지만 앞에서 이야기했듯, 창작 행위는 생존 경험과 공통점이 많다. 창작은 식욕이나 성욕처럼 뿌리 깊은 욕구이고, 어느 정도는 인간 본성의 일부다. 요즘 세상에서 본다면, 인간의 본성에 깊이 새겨진 생존 본능을 재현할 수 있는 유일한 방편이기도 하다. 우리는 짐승이나 가혹한 기후와 싸우는 대신 창조한다. 우리는 과거보다 더 지독한 적을 상대하고 있다. 그것은 바로 '무의미'다.

우리는 창작 과정에 몰입하면서, 우리의 비전을 이해하

지 못하는 타인들을 상대한다. 좌절과 비판에 맞닥뜨리고, 심지어 미쳤다고 말하는 사람들을 만난다. 그들은 분노하거나 경멸하거나 증오까지도 내비친다. 개중에는 허송세월 그만하고 '제대로 된' 인생으로 돌아오라고 말하기도 한다. 내가 품은 비전에 충실하려는 노력은 끝없는 전투가 된다.

우리는 자신과도 전쟁을 치른다. 우리는 완벽이라는 이상에 닿기 위해 장대한 전투를 이어가고 있다. 우리의 비전은 영원히 실현되지 않는다. 어떠한 그림도 화가의 기대치를 채울 수 없다. 어떤 작가도 자신의 이야기에 전적으로 만족하지 못한다. 어떤 수학자도 하나의 문제에 대해 더 우아한 해법을 찾으려는 탐구를 멈추지 않을 것이다. 목표에 완전히 도달하는 것은 영원히 불가능하지만, 우리는 그곳까지 나아가는 전쟁을 꾸준히 이어간다. 도저히 거부할 수 없는 비전이 있기에 우리가 완벽에 얼마나 가까이 다가갈 수 있을지 궁금해 한다. 이 끊이지 않는 전쟁 때문에 우리는 평생 몰입한다. 전쟁에서 지고 있다는 느낌이 들 때, 자기 회의와 비전을 포기하고 싶은 마음은 맹독성 버섯처럼 우리를 홀린다. 그것 역시 이 전장의 일부다. 창작 과정에서 불가피하게 나타나는 이런 측면은 여러 전장에서 격전을 치르는 우리의 생존 투쟁을 닮았다.

지루함이 없으면 창조할 수 없다

의미 있는 인생을 살려면 스스로를 창의적으로 표현할 줄
알아야 한다. 그러나 그 길을 막는 한 가지 걸림돌이 있
다. 지루함을 회피하고 끊임없이 주의를 분산시키려는 성
향이다. 사실 끝없이 바쁘면 창의성이 메마르고 고갈되지
만, 지루함은 창작 활동의 어머니다.

　지루함의 필요성을 인정하는 이들이 많다. 특히 아동
과 성인의 창의력 계발에는 필수적이라는 시각을 가진 이
들이 그렇다. 테레사 벨턴Teresa Belton 박사와 에스더 프리
야다르시니Esther Priyadharshini 박사는 지루함이 "새로운 사고
와 행동을 위한 자극제"라고 설명한다. 창의성에서 지루
함의 역할에 대해 논의가 점점 더 확대되는 이유가 따로
있다. 과거에는 아이들이 일정표에 따라 놀지 않았지만,
요즘은 시간표에 따라 활동을 하는 식으로 바뀌었기 때
문이다. 시사주간지 〈뉴스위크〉에는 아이들에게 정해지
지 않은 놀이 시간을 더 많이 허락하자는, 애나 퀸들렌Anna
Quindlen의 의견이 게재됐다. 그런 식으로 놀 때 아이들의
상상력이 자극을 받기 때문이다. 지루함과 창의성 사이에

떼려야 뗄 수 없는 관계가 있는 것은 분명하다. 지루함을 포용하는 능력은 진정한 창의성 발현에 필수적이다.

창의적 발상은 지루함에서 나온다

창의적 발상은 참 기묘하다. 우리가 원할 때는 좀처럼 모습을 드러내지 않기 때문이다. 문제를 창의적으로 해결하려고 집중에 집중을 거듭할 때는 답이 나오지 않다가, 무언가에 몰입하지 않았을 때, 뜻밖에도 해결책이 떠오르곤 한다. 창의성이 대개 무의식적인 작용이라서 벌어지는 일이다. 한 문제를 놓고 심각하게 고민할 때는 시야가 가려진다. 하지만 지루할 때 우리의 무의식은 우리가 살아오면서 축적한 방대한 정보와 경험을 처리한다. 심지어 일부 이론가들은 창의성이 우리 내부에서 오는 것이 아니라 머나먼 곳에서 온다고 주장하기도 한다. 어쨌거나 가장 탁월한 발상과 창의적인 돌파구는 우리가 정신을 집중하지 않을 때 불현듯 나타난다는 데 동의하는 이가 많다.

대단한 생각은 인간의 무의식적 사고의 과정이 표면으로 드러나도록 가만히 두었을 때 떠오른다. 이때가 바로 지루할 때다. 우리는 지루한 상태에 있을 때, 새로운 발상과 돌파구가 출현할 공간을 내어 준다. 지루함의 공간을 활동과 오락거리로 채운다면, 창의적인 발상이 끼어들 틈이 없다. 대화를 하는데 당신만 늘 말하고 있다면, 다른 사람은 말할 기회를 영영 얻지 못할 것이다. 당신이 몇 분이라도 조용해지면, 다른 이들이 그 침묵의 공간을 자신들의 의견으로 채운다. 마찬가지로 기회를 얻은 당신의 무의식은 지루함의 공간 안에 당신에게 도움이 될 창의적 발상을 풀어 놓을 것이다.

지루함은 창의적 공간이다

지루함을 경험할 때, 우리 앞에는 빈 공간이 나타난다. 이 공간을 빈 캔버스라고 생각하자. 우리가 창작을 시작할 텅 빈 캔버스다.

지루함은 생각이 자라고 발전할 공간도 제공한다. 지루함 속에서는 당신이 알고 있던 모든 정보가 무의식 속에 있는 다른 모든 정보와 만나 배양되고 혼합될 기회를 얻는다. 마법은 이때 일어난다. 빵을 굽는 과정처럼, 우리는 요리(또는 통찰)가 완성되기에 앞서 재료(또는 생각)를 잘 섞어야 한다. 열을 가하면 화학 반응이 일어나면서 재료가 완전히 새롭게 변한다.

지루함이 창작에 중요한 공간이라고 말하는 또 하나의

이유는 지루함이 우리의 정신을 초인적인 탈출 모드로 전환해 준다는 데 있다. 우리의 정신은 지루함이 달갑지 않다. 그래서 지루함에서 벗어나기 위해 뭐든지 다 한다. 모든 힘과 창의성을 합쳐 무언가에 다시 몰입하려고 할 것이다. 이는 사람들이 위험하거나 절박한 상황에 처했을 때, 갑자기 예상치 못한 괴력과 용기를 발휘하게 되는 경우와 유사하다. 우리가 외부의 개입에 저항할 때, 정신은 우리를 개입시키기 위해 점점 더 창의적인 방법을 찾아낸다. 위대한 발상과 돌파구는 이런 식으로 마련되는 것이다.

앞서 언급했던 라르스 스벤젠의 그림의 은유를 다시 보자. 지루할 때, 우리의 모든 사고는 물감 방울처럼 보일 뿐, 그림의 일부처럼 보이지 않는다. 물감 방울들은 그것이 물감이라는 본성 외에는 의미를 갖고 있지 않다. 깊은 수준의 지루함까지 도달하는 능력이 생기면, 그 조각들을 다시 엮어 우리가 원하는 모양으로 재구성할 수 있다. 피카소Pablo Picasso는 "모든 창작 활동에 선행하는 것이 파괴 활동"이라고 했다. 무언가 새로운 것을 창작하기 위해서, 우리는 그것을 이해하던 낡은 방식을 파괴해야 한다. 옛 의미들을 털어 내야 한다. 무언가 새로운 것을 창조하고 싶다면, 사물을 예전처럼 바라보는 방식을 고수해서는 안

된다. 궁극의 파괴는 지루함 안에서 떠오르는 모든 의미 체계를 무너뜨리는 것이다.

지루함은 우리를 대단히 의식적인 인간으로 변모시켜 놀랍도록 창조적인 활동에 몰입할 수 있게 한다. 이는 지루함의 공간이 우리가 익히 알고 있던 모든 의미를 제거하고, 창의성을 통해 새로운 지평을 열도록 허락하기 때문이다. 지루함은 정신을 위한 궁극의 창의적 공간이다.

창의적인 통찰을 위해 지루함으로 향하기

우리가 싸우고 있는 창의력 전쟁에는 지루함의 공간을 침범해 새로운 발상이 떠오르지 못하도록 틀어막는 부정적인 사고와 감정도 끼어든다. 따라서 창의적 통찰을 얻기 위해 지루함을 활용하기에 앞서, 이런 부정적인 사고와 감정부터 인식해야 한다. 이는 계속 진행되는 과정이고, 창작 공정을 시작하기 전에 말끔하게 해소할 수 없는 문제다. 대신 이 부정적인 사고와 감정을 인지하고 있어야 그것들을 식별할 수 있고, 창의적인 통찰을 얻기 위해 부정적인 것들을 옆으로 치울 수 있다.

우리가 지루함을 향해 이래라저래라 할 수는 없다. 하지만 꿈처럼 살살 달래는 것은 가능하다. 무슨 말이냐고?

지금부터 설명해 보려고 한다. 잠자리에 들기 전에 공포 영화를 보면, 그날 밤 꿈에 무서운 이야기가 나올 확률이 상당히 높아진다. 유독 스트레스 쌓이는 한 주를 보냈다면, 꿈에서도 그런 상황에 시달릴 가능성이 높다. 이와 같이 지루함을 경험하기 전에 우리가 원하는 것을 '사전 탑재'하는 방법이 있다. 지루한 순간이 올 때 우리의 무의식이 소화해 주기를 바라는 특정 정보들을 정신에 미리 담아 놓는 것이다. 이 책을 쓰는 동안, 나는 의식적으로 온종일 지루함에 대한 책과 논문에 푹 빠지는 습관을 들였다. 그랬더니 지루할 때 그 모든 것들이 새롭고 흥미진진한 내용으로 재구성되었고, 쉴 틈 없이 글을 쓸 수 있게 됐다. 그것은 이루 말할 수 없을 정도로 신나는 경험이었다.

지루할 줄 아는 사람이 창의적이다

창의성은 모든 인간에게 내재되어 있는 충동이다. 그런데 왜 어떤 사람들은 특히 더 창의적으로 보일까? 거기엔 몇 가지 이유가 있다. 첫째, 현대 사회에서는 주의를 빼앗는 것들이 너무 많고, 바쁨을 미덕으로 보는 분위기가 더해지면서, 나만의 독특한 창의성이 발현되도록 허용하는 능력이 무뎌졌다. 현대 사회는 우리가 지루함을 애써 선택해야 하듯, 창의성도 애써 선택해야 하는 시대다. 모든 인간은 태생적으로 창의적이고, 그 창의성은 누구라고 더하지도, 덜하지도 않다. 창의성은 화가, 작가, 과학자, 또는 건축가 같은 특정한 직업에 국한된 성향이 아니다. 진정한 창작 활동은 세상에 새로운 무언가를 가져오고, 이전의 경계를 허무는 것이란 사실을 잊지 말자. 이는 문제를 푸는 독창적인 해결책일 수도 있고, 무언가를 바라보는 전에 없이 참신한 시각일 수도 있다. 맛은 그대로 유지하면서 칼로리를 절반으로 낮춘 혁신적인 조리법일 수도 있다. 어떤 직업에서나 창조적 활동을 이뤄낼 수 있다. 문제에 관해 창조적 해법을 찾거나, 기존 시스템에 접근하는 새로운 방식을 찾는 것도 모두 경이롭고 혁신적인 창의성의 구현이다. 결국 당신에게 정말 필요한 한 가지는 당신 자신뿐이다. 자기 창조가 가장 창조적인 활동이기 때문이다.

제8장

윤리적 실천의 토대, 지루함

"따라서 지루함은 윤리학자들에게 중요한 문제다.
인류가 저지르는 죄의 최소한 절반은
그것에 대한 두려움에서 비롯되기 때문이다."
—버트런드 러셀

"지루함을 견디지 못하는 세대는 소인배들의 세대가 될 것이다."
—버트런드 러셀

지루함의 탐구적이고 경험적인 측면을 윤리학의 렌즈를 통해 바라보는 것이 일견 이상하게 보일 수 있다. 그러나 곰곰이 생각해 보면, 지루함은 창조적이고 혁신적인 위대한 업적은 물론이고, 역사상 가장 끔찍했던 악행과 파괴에도 막대한 영향을 끼쳤다. 인터넷에서 지루함이라는 단어를 치면, 정반대의 의견들이 검색된다. 키르케고르는 지루함이 만악의 근원이니 피하라고 했지만, 니체는 지루함을 피하는 것이 우리 삶을 뒤죽박죽으로 만든다고 주장했다. 최근까지 지루함은 거의 관심을 받지 못했고, 그렇기에 인간사에서 윤리적 의사 결정을 내리는 데 필요한 바탕으로 인식된 적이 없었다. 하지만 점점 지루함을 참지 못하는 시대이기에 우리 인생에서 지루함 또는 그 결핍이 갖는 윤리적인 영향에 대해 고찰하는 일은 반드시 필요하다.

윤리적이기 위해서 지루함을 인식해야 한다

방랑벽, 무모함, 쾌락주의 또는 명분에 대한 맹목적 헌신이 이끄는 대로 살아가는 인생이라면, 흔히 지루함의 공간을 외면하려고 한다. 그 공간 안에서 드러나는 무의미를 마주하는 게 두렵다. 만약 그런 공포가 당신을 좌지우지한다면, 도대체 당신의 인생은 누가 지휘하는 것일까? 당신일까? 아니면 당신을 조종하는 지루함에 대한 공포일까? 공포처럼 우리 삶을 이끄는 또 다른 무엇인가가 있다면 과연 우리는 윤리적이라고 할 수 있을까?

지루함에서 탈출하려는 욕구가 인간 행동의 근본 원인 중 하나라면, 지루함에 대처하는 법을 배워 윤리적으로 살아야 할 도덕적인 의무가 있다. 이유는 다음과 같다. 프랑스 철학자 미셸 푸코Michel Foucault는 자유가 윤리적 행동의 필수 전제 조건이라고 했다. 그러나 인간 행동에 영향을 끼치는 힘을 알지 못한다면, 우리는 자유로워질 수없다. 따라서 윤리적인 행동을 막는 게 무엇인지 자각하

는 일이 선행되어야 비로소 자유롭게 윤리적으로 행동할
수 있다. 지루함에 대한 파괴적 반응이 무엇인지 인지하
는 것은 인간의 도덕적 의무다. 그래야 어떻게든 조치를
취할 수 있고, 윤리적으로 행동할 수 있는 자유를 얻을 수
있다.

지루함은 타자의 대상화를 막고, 관대함을 준다

대상화對象化는 현대 사회에서 도덕적으로 미움받는 개념
이다. 인터넷에는 광고 속 여성과 제3세계 아동 노동자에
대한 대상화를 비판하는 글이 넘쳐난다. 타자를 대상화한
다는 것은 그들을 욕망의 대상 또는 '물건'으로 바라본다
는 뜻이다. 인간에게 타인을 대상화할 권한이 있다고 믿
고 싶은 사람은 없다. 인간에게 타인을 물건으로 취급할
권한이 있다고 믿고 싶지 않다. 인간이라는 귀한 존재와,
예를 들면 연필 같은 물건의 차이를 모르는 사람은 없다.
우리가 인간의 대상화를 불편하게 느끼는 건, 그것이 초
래하는 온갖 비인간적인 대우를 알기 때문이다. 그렇다면
대상화는 어째서 일어날까?

　기본적으로 사람을 물건처럼 취급하는 것은 그 사람
을 고귀한 개인으로 보지 않고 목적을 위한 수단으로 보

기 때문이다. 종종 무의식적으로 그런 시각을 정당화할 때가 있는데, 이는 우리의 욕구를 충족하기 위해서 그들을 이용할 필요가 있기 때문이다. 이때 우리는 그들과 공감하지 못하고, 생각처럼 존중하고 아끼면서 대우하지 못한다. 대상화는 공감의 반대편에 있다고 볼 수 있다. 이미 목적을 위한 수단의 범주에 그들을 넣었기에, 그들에게 공감할 수 없어진 탓이다. 흥미로운 건 지루함과 우리의 관계가 삶에서 타자를 얼마나 대상화하느냐에 막대한 영향을 끼친다는 점이다.

지루함을 회피하는 가장 극단적인 방법 중 하나가 남는 시간을 사람으로 채우는 행위다. 앞서 지루함의 공간을 피하는 사례로 끊임없이 누군가에게 전화를 하거나 문자를 보내는 행위를 언급했다. 여기서 사람은 지루함의 공간에서 마주하게 될 부정적인 감정을 피하는 수단이다. 혹은, 남는 시간을 채우기 위해 갑자기 가족이나 친구들과 계획을 잡아야겠다는 충동이 이는 경우도 있다. 가족, 친구와 좋은 시간을 보내는 걸 반대하는 게 아니다. 문제는 따로 있다. '사랑하는 사람과 함께 보내는 좋은 시간'이란 포장을 벗기면, 지루할 때 떠오르는 상념과 감정을 회피하기 위해 빌려온 임시방편이라는 본질이 드러난다.

그렇다면 판단 기준은 무엇일까? 지쳐 쓰러지거나 취해서 정신을 못 차릴 정도로 파티를 즐기고 싶은 욕구는 지루함의 불편함을 염두에 두고 있다는 뜻이다. 어쩌면 파티가 끝없이 이어지기를 원하는 건, 당신이 계속 빠져 들고 싶은 구미 당기는 활동을 또 찾아내야 한다는 생각이 몹시 고통스럽기 때문일 것이다.

지루함을 피하는 도구로 사람을 택할 때, 그들은 우리에게 대상이 된다. 거의 소유물처럼 바뀌기도 한다. 사람이 목적을 위한 수단이 된다. 그들과 함께 있을 때 우리의 속마음은 이렇다. '나를 사랑해줘!', '나를 즐겁게 해줘!', '나를 구원해줘!' 지루함을 외면할 때 우리는 타인을 그들만의 욕구를 가진 귀중한 존재로 보지 않는다. 사실 그들이 우리를 위해 유쾌한 기분 전환의 역할만 충실히 수행하면, 우리는 그들의 개인적인 욕구나 행복에는 관심을 가지지 않는다. 그들은 지루함의 공간에 빠지지 않도록 해주는 또 다른 '물건'이 된다. 물론 우리가 항상 타인을 대상화하는 것은 아니다. 누군가에게 도움과 정서적 응원을 받아야만 할 때도 분명히 존재한다. 나는 그런 상황을 이야기하는 게 아니다. 지루함을 회피하고 싶은 절박한 마음에 시간을 채울 목적으로 남들에게 줄 즐거움이나 그 사람들에게 미칠 결과들에는 별 관심을 두지 않은 채 무의식적으로 사람을 이용하는 경우를 말하는 것이다.

이 경우, 우리가 사랑하는 이를 만나려는 이유는 서로 애정을 나누거나 그들의 생각과 꿈을 듣기 위해서가 아니라, 지루함을 죽을병처럼 여겨 도망치려는 마음이 들기 때문이다. 우리는 지루함을 피하려는 욕구가 너무나 강한 나머지, 우리 생애 중요한 사람들을 무심결에 대상화하고, 그 결과 내가 바라는 만큼 진심을 다해 사랑하거나 아끼지 못한다. 지루함에서 우리를 구원해 줄 사람이 그들밖에 없을 때, 우리는 사랑하는 이들을 TV 프로그램, 페이스북, 또는 관심을 돌려 지루함을 피하게 해 주었던 대상과 동격으로 전락시키기를 거듭했다. 따라서 타인을 인간적으로 대하고 싶다면, 우리가 잠재적으로 지루함에 파괴적인 반응을 보인다는 것을 인지하는 게 우선이다.

지루함은 사람을 잇는다

계몽주의 철학자 르네 데카르트Rene Descartes와 바뤼흐 스피노자Baruch Spinoza는 인간이 비윤리적으로 행동하는 이유가 삶과 존재에 대한 지식이 부족한 탓이라고 믿었다. 이와 유사하게 소크라테스는 누구도 실제로 비윤리적이기를 원하지 않지만, '진리'에 대한 지식이 깊어질수록 더 윤리적으로 행동할 수 있다고 믿었다. 다시 말해 윤리적으로 행동하려면, 행동을 취하기 전에 하나의 상황을 최대한 깊이 생각하고 배우고자 하는 마음가짐을 갖는 것이 필수적이다. 앞서 언급했지만, 존재에 대한 가장 중요한 진리는 지루함의 공간에서 모습을 드러내고, 그 진리 때문에 우리는 인생에서 더 나은 결정을 내릴 수 있다.

지루함은 우리가 사건, 물체, 사람에 부여한 모든 의미가 철저히 유동적이라는, 가장 무섭고도 심오한 지식을 선사한다. 그러나 우리의 의미 체계가 얼마나 유동적인지 알아도 살아가는 데 의미는 여전히 필요하다. 우리는 궁극적인 의미가 뚜렷이 규정되지 않은 이 세계에서 끝없이 의미를 찾아다니는 존재다. 궁극의 의미란 없다는 이 깨달음은 현대 사회에서 가장 중요한 윤리적 토대다. 지금부터 그 이유를 설명해 보려고 한다.

우리의 의미 체계는 존재의 허망함이라는 무서운 진실로부터 우리를 보호한다. 이해할 길이 없는 우주에서 어떤 확실성을 안겨 주는 위안이다. 우리가 태어날 때부터 만난 의미 체계는 몸과 마음, 영혼에 깊이 새겨져 있다. 우리 인생의 거의 모든 층위에 깊숙이 뿌리 박혀 있기 때문에 우리와 의미 체계를 철저히 분리하는 것은 거의 불가능하다.

잠깐 반대의 세상을 상상해 보자. 우리의 개인적 의미 체계가 유동적이라고 생각하지 않고, 우리의 신념을 보편적인 진리로 믿는다고 가정하자. 이때 우리 의미 체계의 타당성을 의심하고 위협하는 사람을 만난다면 어떻게 될까? 확신이 흔들리면서 깊은 내적 갈등에 빠질 것이다. 또, 우리의 의미 체계를 다시 굳건히 세우기 위해 무엇이든지 할 것이다. 우리는 논쟁하고, 드잡이할 것이고, 심지어는 솔직히 마음 깊은 곳에서는 정답을 모른다는 심정일지라도, 우리가 맞고 저 사람은 틀렸다고 생각할 것이다. 한쪽만 진리라는 믿음 때문에 일어난 신념의 전쟁이 얼마나 많았던가? 확립된 의미 체계에서 위안을 받으려는 의존성이 너무나 커져, 동의하지 않는 자를 죽이는 한이 있더라도 내 체계가 옳음을 입증하려고 한다. 그러나 위협하는 자를 제거해도 우리의 의미 체계가 타당성을 얻는 것은 아니다. 단지 그것이 틀렸다는 가능성과 직면하지 않을 뿐이다. 우리는 다른 진리를 믿는 이들을 무지한 자, 저급한 자, 불신자 또는 믿음을 시험에 들게 하는 자로 분류한다. 실제로 외부의 위협이 들어오면, 자신들이 믿는 의미 체계에 전보다 강한 신념을 부여하며 싸우는 것이 일반적인 반응이다. 그것은 우리가 그렇게 바라보아서가 아니라, 확신을 지속하기 위해서다.

정치적인 신념도 비슷한 양상을 보인다. 정치 역시 종교처럼 자의적으로 부여된 의미 체계다. 정치적인 신념은 우리를 불확실의 세계로 인도한다. 우리가 정치적으로 반대 입장에 있는 이들을 경멸하는 이유는 그들의 신념 때문일까, 아니면 우리의 가치관을 위협해서일까? 반대 세력은 태생적으로 틀려야만 한다. 그들이 옳다면 우리 존재 방식 전체가 위기를 맞기 때문이다. 그래서 우리는 그들을 사악하고, 무지하고, 심지어는 위험하다고 여긴다. 따라서 우리가 개인적 신념과 의미만이 진리라고 인식하면, 그 신념이 위협받는 여러 상황에서 자존감이 흔들리게 된다. 또한, 우리의 개인적 진리를 치열하게 지키는 과정에서, 타자를 나처럼 존재적 역경에 처한 인간으로 인식하지 못하고, 서로의 차이점만 부각한다.

반면에 지루함의 공간에 익숙해지면 우리 의미 체계가 갖는 자의적 성격을 감지하고, 자신의 행동에 의미 있는 윤리적 토대를 확립할 수 있다. 지루함의 공간은 우리의 신념이 다른 신념보다 나을 게 없다는 깨달음을 안긴다. 지루함의 공간 안에서는 모든 의미 체계가 동등하다. 이 지식은 이 세계에 폭력과 잔혹 행위를 초래한 독단을 약화시키고, 우리가 이해와 연민으로 타인과 관계를 맺게 한다.

　모든 이가 의미 체계를 완성해야 하는 똑같은 곤경에 빠져 있고, 누군가는 자신에게 잘 맞지 않는 의미 체계에 내던져진 운명이란 사실을 인식하면, 자연스레 타자의 심정에 공감하게 될 것이다. 물론 어떤 사람들의 행동이나 조치는 받아들이기 힘들 수 있다. 하지만 그 행동을 이끌어낸 이유는 깊이 이해할 수 있다. 그들의 동기가 나의 그것과 같기 때문이다.

제9장

다시 지루함을 꺼내는 이유

> "속도의 시대에, 나는 느리게 가기보다
> 더한 희열을 주는 것은 없다고 생각하기 시작했다.
> 주의가 산만한 시대에 집중하는 것보다 더 호사스러운 것은 없다.
> 끊임없는 이동의 시대에 가만히 앉아 있는 것만큼 시급한 일은 없다."
> ―피코 아이어 Pico Iyer

오늘날의 세계는 삶에서 시선을 돌리기가 정말 쉽다. 우리는 인생이 온갖 바쁨과 오락을 준다고 생각한다. 최대한 많은 것으로 하루를 채워야 의미 있고 충만한 인생을 산다고 믿는 이들이 많다. 그러나 우리는 인생을 무엇으로 채워야 하고, 어째서 그렇게 해야 하는지 짬을 내 고민하지 않는다. 주어진 삶의 형태를 기본틀로 받아들인다. 바야흐로 '맥미닝McMeanings, 찍어낸 의미'의 시대. 그러니 삶에서 충만감을 느끼지 못하는 이들이 많은 것도 당연하다.

　지루함이 우리의 인생에 자리하도록 용기 있게 마음을 열면, 곤경에서 벗어날 길을 지루함이 보여 준다. 지루함에는 우리가 창의적인 걸작을 완성하거나 끔찍한 파괴 행위를 하도록 이끄는 강력한 힘이 있다. 그래서 지루함을 가장 강력한 인간 감정이라고 부르는 것이다. 지루할 때 우리가 보이는 반응을 인지하면, 우리와 타인의 삶의 질이 확연히 달라진다. 지루함을 강력한 형태의 명상으로 활용할 수 있다. 또, 지루함이 좋은 삶을 가로막던 개인적 신념과 세계관의 제한에서 스스로를 해방하는 계기가 될 수 있다. 무엇보다 지루함의 공간은 우리가 자신과 사건, 세계에 부여했던 의미가 불변의 진리가 아니라 조건적이었고, 자의적이었다는 심오한 사실을 깨닫게 한다. 그 공간은 그 무엇도 존재를 뛰어넘는 의미란 없다는 사실을 일깨워준다. 하지만 그 메시지는 비관적이지 않다. 한 인간이 얻을 수 있는, 가장 자유로우며 흥미진진한 자각이다. 나에게는 스스로를 창조할 자유가 있다는 의미이기 때문이다.

어떤 예술가도 이상 속의 작품을 완벽히 구현해 낼 수 없듯, 우리는 완벽한 행복이나 이상적인 자아, 또는 퇴색하지 않는 완벽한 의미를 찾는 게 가능하다는 기대를 접을 수 있다. 하지만 이런 한계를 인식함으로써 인생에 열정이 피어난다. 흥미진진한 인생이 지속되게 할 완벽한 존재를 찾는 탐험이 시작되는 것이다. 완벽한 행복과 깨달음, 영생을 얻었다면 인간이 얼마나 지루하게 살았을지 떠올려 보자. 인간은 언제나 무언가를 얻기 위해 싸운다. 손을 뻗어도 닿지 않는 당근을 향해 달린다. 나의 경우, 지루함에서 뿜어져 나오는 새로운 통찰과 창의적인 기획은 참신함 그 자체다. 무지개의 끝을 잡아 보려는 시도와도 같다. 영원히 도달할 수 없더라도 그 여정은 경이롭다.

인생의 부조리나 지루함을 없애기란 불가능하다. 이 두 가지는 언제나 함께 존재한다. 지루함과 그에 따르는 부조리를 품에 안자. 폐부 깊은 곳에서 그것을 느끼자. 그때 우리는 가장 인간답다.

우리 사회는 산만함이 임계점에 도달했다. 의미를 애타게 갈구하지만, 어디서 찾아야 할지 모르기 때문이다. 오락과 몰입에 중독된 나머지, 인생을 의미 있게 느끼기 위해 더 많은 갈등을 필요로 하는 것 같다. 지금 상황이 바뀌지 않는다면, 세상만사와 치르는 끊임없는 전쟁은 나날이 악화되기만 할 것이다. 우리 모두는 의미와 몰입 대상을 찾고, 무엇인가에 매달리려는 잠재의식을 갖고 있다. 그러나 얄궂게도 주의를 흩뜨리는 온갖 것들 때문에 진정으로 의미 있는 인생을 찾고 만들어 나갈 기회가 사라진다.

우리의 시선을 빼앗는 모든 위험 속에서도, 존재에 더 마음을 쏟는 사람들이 늘고 있다. 주의 분산의 벽에 금이 가기 시작한다는 신호가 감지된다. 최근 한국에서는 '멍 때리기 대회'가 열렸다. 참가자들은 누가 가장 오랫동안 아무것도 안 하고 있는지 경쟁한다. 목표는 그저 존재하는 것이다. 지루함을 집단적으로 포용하는 것이다. 나는 우리가 끝없는 주의 분산과 몰입의 위험을 자각하기 시작한다는 점에 희망을 갖는다. 또한 지루함에 대한 인식이 확대돼 우리 모두가 더욱 의미 있는 삶을 살고, 더 나은 세상을 사는 밑거름이 되기를 바란다.

이제 더는 삶에서 눈을 돌리지 말고, 진정한 삶을 시작해 보자.

중독 사회에 권함

쇼펜하우어는 인생에 대해서 이렇게 말했다.

"인생은 욕망과 지루함 사이에서 오락가락하는 시계추와 같다."

우리 인생은 언뜻 보기에 복잡다단한 것 같지만, 그 본질은 쇼펜하우어의 이 한마디로 정리될 수 있을 것 같다. 동물의 욕망은 본능이란 고삐에 의해서 제어되고 있지만, 인간의 욕망은 본능의 고삐가 풀어진 무한한 성격을 띤다. 아무리 많은 부와 명예를 가지고 있어도 우리는 자신보다 더 많은 부와 명예를 가진 사람을 곁눈질하면서 자신의 삶에 불만을 느낀다. 그러나 자신이 원했던 보다 많은 부와 명예를 갖더라도, 우리는 한순간 뿌듯한 만족감에 젖을 수 있지만 이 만족감은 오래 가지 못한다. 새로운 욕망이 다시 우리를 사로잡거나 아니면 지루함이 우리를 덮쳐 온다.

이에 반해 동물은 본능적인 욕망만 충족되면 자신의 삶에 대해서 아무런 불만도 갖지 않는 것 같다. 여물을 배불리 먹고 풀밭에 엎드려 있는 소를 보라. 소는 욕망과 지루함에서 벗어나 여유롭게 자신의 평화를 즐기는 것처럼 보인다. 이 점에서 우리는 인간만이 다른 동물과는 달리 고삐 풀린 욕망에 시달린다고 볼 수 있지만 또한 인간만이 지루함을 느낄 수 있다고 볼 수 있다.

충족되지 않는 욕망도 고통스럽지만 지루함의 시간도 우리에게는 고통스럽게 다가온다. 하여 우리 인간은 지루함에서 벗어나기 위해서 사냥, 도박, 게임, 성적인 유희들과 같은 수많은 오락과 쾌락을 고안해 냈다. 심지어 우리 인간은 지루함에서 벗어나기 위해서 전쟁을 일으키기도 한다. 제1차 세계대전이 일어났을 때 많은 유럽인이 전쟁에 환호했다고 한다. 당시의 유럽인들은 전쟁에서 자신들을 그동안 짓누르던 지루함에서 벗어날 출구를 발견한 것이다.

동서를 막론하고 욕망이란 현상은 철학에서 중요한 주제로 다루어져 왔지만, 지루함이란 현상은 크게 주목 받지 못했다. 쇼펜하우어나 키르케고르 그리고 니체와 같은 철학자들이 지루함을 간혹 언급하기는 했지만, 중요한 철학 주제로서 본격적으로 다룬 적은 없다고 볼 수 있다. 다만 하이데거가 《형이상학의 근본개념들》이란 책에서 지루함이란 기분을 중요한 철학적 기분으로 간주하면서 상세하게 분석하고 있을 뿐이다. 마크 A. 호킨스의 《당신은 지루함이 필요하다》는 이러한 공백을 메우는 중요한 책이다.

쇼펜하우어는 앞의 인용문에서 보듯 지루함을, 우리를 짓누르는 고통스런 것으로 보고 있다. 그러나 호킨스는 지루함이 갖는 생산적인 의미에 주목하면서 지루함에서 벗어나기 위해 갖가지 오락이나 일로 도피하지 말고 오히려 지루함의 바다에 빠질 것을 권하고 있다. 호킨스의 이러한 생각은 니체와 하이데거의 통찰을 독자적으로 발전시킨 것이라고 볼 수 있다.

니체는 이렇게 말하고 있다.

"고독한 자는 말한다. – 사람은 고독에 따르기 마련인 […] 지루함의 대가로 자기 자신과 자연에 더 없이 깊이 침잠하는 그 15분을 얻는다. 지루함에 대해서 완전히 보루를 쌓은 자는 자기 자신에 대해서도 보루를 쌓는 법이다. 자기 자신의 가장 깊은 샘에서 솟아나는, 제일 힘이 되는 생명의 물을 그는 결코 마시지 못할 것이다."

"지루함에의 용기 – 자기 자신과 자기가 하는 일을 지루하게 생각할 만한 용기를 갖지 않은 자는 예술 면에서도 과학 면에서도 지고의 정신을 소유했다고 할 수 없다."

"독창적인 모든 정신에게 지루함은, 행운의 뱃길과 즐거운 바람에 앞서는 잔잔한 물결이다. 그들은 그것을 견디고 그 효과가 자기에게 나타나기를 기다려야 한다. – 이런 말이야말로 보통 사람들이 엄두도 못내는 일이다."

"고된 노동을 사랑하고 빠른 것, 새로운 것, 진기한 것을 추구하고 있는 당신들이여. 당신들은 모두 인내력이 부족한 자들이다. 당신들의 근면은 도피이다. 자기를 망각하려고 하는 의지이다."

"초조가 세상을 뒤엎고 있다. 현대인들은 너나없이 자기 자신으로부터 달아나고 있기 때문이다."

"현대의 초조 - 지구의 서쪽으로 갈수록 현대의 초조는 더욱 심해진다. 그래서 미국인에게는 유럽의 국민들이 모두 조용함을 사랑하며 즐기고 있는 것처럼 보이는 모양이지만, 사실은 유럽에서도 사람들은 꿀벌처럼 뒤얽혀서 날아다니고 있는 것이다. 이 소동은 대단하여 고등 문화는 이젠 더 이상 열매를 맺을 수 없을 지경이다. 마치 계절의 변화가 너무 빠른 것 같은 느낌인 것이다. 침착성이 없기 때문에 우리들의 문명은 새로운 야만 상태로 빠져들어가고 있다. 활동가가, 즉 침착성이 없는 사람들이 이 이상으로 위세를 떨친 적은 없었다. 따라서 인류는 정관靜觀하는 삶을 크게 강화할 필요가 있다."

호킨스는 니체와 같이 현대를 초조의 시대로 보고 있다. 특히 이러한 진단은 오늘날의 한국에 가장 잘 부합하는 진단이라고 볼 수 있다. 오늘날 한국인들은, 성인들은 말할 것도 없고 심지어 어린 학생들까지, 전 국민이 다른 사람보다도 더 뒤처질까 초조해 하면서 쉴 사이 없이 일하고 공부하고 있다. 사람들은 이렇게 초조한 삶에 시달리면서 간혹 이러한 삶에 대한 염증과 지루함에 사로잡히기도 하지만, 이러한 지루함의 시간을 그동안의 삶에 대한 반성의 시간으로 활용하지 않는다. 사람들은 그렇게 지루함을 느끼는 것을 오히려 사치로 여기면서 다시 일과 공부에 몰두하거나, 아니면 그동안 쌓인 스트레스를 화끈하게 풀 수 있는 자극적인 오락과 쾌락으로 도피하고 만다. 호킨스 역시 한때 2년 동안 한국에서 교사로 활동하면서 한국의 어린 학생들이 쉴 틈 없이 학원을 전전하면서 공부에 시달리는 것을 보면서 경악을 금치 못했던 경험에 대해서 말하고 있다.

호킨스는 니체와 마찬가지로 지루함이 우리에게 자신의 삶을 돌이켜 보면서 그 전과는 전적으로 다른 창조적인 삶을 살 수 있는 기회를 제공할 수 있다고 본다. 이 점에서 호킨스는 니체뿐 아니라 하이데거의 통찰을 계승 발전시키고 있는 셈이다. 실로 호킨스는 이 책의 여러 곳에서 지루함에 대한 하이데거의 분석을 비롯하여 하이데거의 사상에 대해서 긍정적으로 언급하고 있다.

하이데거는 《형이상학의 근본개념들》이란 책에서 지

루함을 크게 셋으로 나누고 있지만, 이 중에서 특히 '깊은 지루함'에 주목하고 있다. 우리가 '깊은 지루함'이란 기분에 사로잡힐 때 그동안의 삶은 무의미한 것으로 자신을 드러낸다. '깊은 지루함'에 사로잡힐 때 이렇게 무의미하게 드러나는 삶을, 하이데거는 '비非본래적인 실존'이라고 부르고 있다. '비본래적 실존'은 어릴 때부터 부모와 학교를 통해서 우리에게 주입되어 온 사회적 가치들을 무비판적으로 받아들이는 삶을 가리킨다. 이러한 삶은 세간의 가치들을 남들보다 더 잘 실현함으로써 우월한 위치에 서려는 초조한 비교의식에 사로잡혀 있는 삶이다. 그러나 우리에게는 이러한 삶이 어느 날 무의미한 것으로 드러나면서 그러한 삶에 대해서 염증을 느끼게 될 때가 있다. 이렇게 느끼는 시간이 바로 '깊은 지루함'이란 기분에 사로잡히는 시간이다.

호킨스가 지루함의 생산적인 의미에 대해서 말할 때 염두에 두고 있는 지루함도 바로 이러한 '깊은 지루함'이다. 호킨스는 이러한 '깊은 지루함'의 시간을 불교에서 말하는 공空 내지 무無의 공간으로 우리를 진입시키는 시간이라고 말하고 있다. 이러한 공과 무의 공간은 아무것도 없는 허무의 공간이 아니라 오히려 우리를 세간의 가치에

얽매여 있는 기존의 삶으로부터 벗어나게 하면서 진정으로 자신의 삶을 살게 하는 '창조적인 가능성들로 충만한 공간'이다. 이런 의미에서 호킨스는 우리에게 지루함에서 도피하지 말고 지루함이 열어주는 창조적 가능성의 공간으로 빠질 것을 권하고 있다.

호킨스의 책은 지루함이 나타나는 갖가지 양상과 '깊은 지루함'이란 기분이 가질 수 있는 생산적인 의미를 평이하면서도 유머러스한 문체로 옆에서 이야기해 주듯이 쓰고 있는 책이다. 보다 의미에 찬 삶을 살고 싶어 하는 모든 사람에게 일독을 권하고 싶다. 특히 이 책은 일중독과 게임 중독 등 갖가지 중독에 사로잡혀 지루할 틈이 없는 오늘날의 한국에서 큰 의미를 갖고 있다고 생각한다. 이 점에서 이 책을 자연스럽게 잘 읽히는 우리말로 훌륭하게 번역한 옮긴이와 이 책을 출간한 '틈새책방' 임직원 여러분에게 깊은 감사를 드린다.

박찬국
서울대 철학과 교수

옮긴이의 말

바쁘다. 너무 바쁘다. 친구들에게 나는 늘 바쁜 친구였고, 가족에게도 늘 바쁜 딸이었다. 언제나처럼 바쁘던 어느 날, 이 책을 만났다. 동네 산 중턱에 있는 볕이 좋은 카페 야외 자리에서 책을 펼치고 읽기 시작했다. 한 시간쯤 지났을까. 잠깐 책을 덮고 가만히 있어 보았다. 물론 머릿속에는 다가오는 마감, 새로 들어올 작품, 거래처에 보내야 할 메일, 미루고 싶은 친구 약속 등 여러 생각이 어수선하게 들락날락했지만, 잠깐만이라도 머리를 비워 보기로 했다.

생각해 보니 예전에는 심심할 때도 있었고, 지루할 때도 있었다. 하지만 요즘은 그럴 틈이 별로 없다. 그저께 바빠서 놓친 방송인데 우연히 TV를 켰더니 하고 있어서 시청하느라 시간이 가고, 스마트폰이나 인터넷을 들여다보기 시작하면 원래 검색하던 내용이 무엇인지 기억도 안

날 만큼 동떨어진 내용을 추적하고 파헤치다가 정신을 차린다. 그렇게 지루할 틈 없이 지냈는데도 하루 이틀 지나면 뭘 했는지 딱히 기억도 안 나고 시간만 간 것 같은 느낌이 든다.

우리의 일상은 빠르다. 다른 나라라면 일주일 걸릴 택배가 하루면 오고, 사나흘 걸릴 안경 제작이 30분이면 완성된다. 어느 가게에서 줄을 서도 계산이 한순간에 끝난다. 그렇다면 우리의 하루에는 단축된 시간만큼의 여유가 생겨야 할 것 같지만 오히려 그 속도만큼 바쁘다. 다른 일이 빨리 진행되니 나도 속도를 맞추어 재빨리 움직여야 한다. 우리는 그만큼 숨 가쁘게 조로한다.

한창 정신없을 때 만난 이 책은 왜 우리가 잠깐이라도 모든 것에서 손을 놓고 지루함의 공간에 들어가야 하는지 차근차근 일러주고 있었다. 나도 지루할 틈이 있었으면 좋겠다고 생각하는 이에게도 현실에서 적용할 수 있는 실천 방법을 알려 준다. 작가는 이기적인 핑계로 바쁘게 살면서도, 바쁘다는 방패 뒤에서 수많은 흥밋거리와 시간 때우기에 몰입하다 내 존재가 희미해진 것만 같은 이 헛헛한 마음을 직시하게 해주었다. 지루함에 관한 작가의 통찰을 우리말로 옮기는 일을 끝낸 지금, 시간을 알차게

관리하고, 새로운 창작의 힘과 깨달음으로 안내할 멋지고
도 고통스러운 세계로 떠나 보려고 한다.

서지민

당신은 지루함이 필요하다

누구나 삶의 섬을 만들어야 하는 이유

1판 1쇄 발행 2018년 1월 2일
1판 2쇄 발행 2024년 4월 5일

지은이 마크 호킨스
옮긴이 서지민
감수자 오현석

펴낸이 이민선
책임편집 홍성광
디자인 박은정
경영기획 이해진
제작 호호히히주니 아빠
인쇄 신성토탈시스템

펴낸곳 틈새책방
등록 2016년 9월 29일 (제2023-000226호)
주소 10543 경기도 고양시 덕양구 으뜸로110, 힐스테이트 에코 덕은 오피스 102-1009
전화 02-6397-9452
팩스 02-6000-9452
홈페이지 www.teumsaebooks.com
페이스북 www.facebook.com/teumsaebook
인스타그램 @teumsaebooks
포스트 m.post.naver.com/teumsaebooks
유튜브 m.post.naver.com/teumsaebooks
전자우편 twww.youtube.com/틈새책방

ⓒ 마크 A. 호킨스 2016

ISBN 979-11-959760-9-6 03100

이 도서의 국립중앙도서관 출판예정도서목록(CIP)은 서지정보유통지원시스템 홈페이지(http://seoji.nl.go.kr)와 국가자료공동목록시스템(http://www.nl.go.kr/kolisnet)에서 이용하실 수 있습니다.(CIP제어번호: CIP2017034031)